Walter Zöller in guter Erinnerung an gemeinsames Kommunalpolit. Engagement und alter Verbundenheit gewidmet

Wolfgang [illegible]

August 2004

DER BONIFATIUSWEG

Die Wurzeln Europas entdecken

Die besondere Kulturreise
vom Abendland zum modernen Europa

Monografie
DuMont Reiseverlag, Köln

Inhalt

1

Ereignisse schreiben europäische Geschichte!

1. *723 n.Chr. – Bonifatius fällt die Donareiche.*
2. *Eine gemeinsame Währung verbindet die Europäer.*
3. *Von Europa in den Rest der Welt – Umwelt-schonende Energie „Made in Europe".*
4. *Der Dom zu Fulda – Grabstätte eines großen Europäers.*
5. *Europa – eine grenzenlose Einheit.*

Vom Abendland zu unserem Europa: Eine spannende Spurensuche!

Europa heute: Das ist vordergründig die Europäische Gemeinschaft als Synonym für das Zusammenwachsen der Länder Europas, für den Aufbau eines Wirtschaftsraumes als zukunftsorientierte Struktur in der Globalisierung der modernen Welt.

Europa heute: Die eigentliche Entwicklung begann im 8. Jahrhundert n. Chr. durch die Schaffung von Grundlagen für eine gemeinsame Identität und durch die feste Überzeugung, damit Brücken für die zersplitterte ethnische Vielfalt zu bauen.

Europa heute: Das ist ein viel zitiertes Symbol für Leistungsgesellschaften und vielfältige Kultur. Aber es ist vor allem ein Produkt wechselvoller Geschichte, die in den Regionen des heutigen Europa großartige Spuren hinterlassen hat. Spuren unserer Vergangenheit und Spuren für unsere Zukunft.

Europa heute: Das verlangt nach Spurensuche und Schilderung der Entwicklungsstationen – von den Grundstrukturen des dunklen frühmittelalterlichen „Abendlands“ bis zur High-Tech-Neuzeit.

5

1

2

3

Europa heute: Das ist auch das Ergebnis des Lebensweges und der Lebensleistung eines Mannes: Bonifatius. Niemand legte mehr als er die Grundsteine für ein neues Weltbild. Ein Weltbild, das letztlich nicht nur Europa prägte, sondern auch die gesamte Welt beeinflusste.

Europa heute: Das Anliegen dieses Buches ist es nicht nur, die wundervolle Vielfalt der Regionen darzustellen,

4

5

6

Gemeinsamkeiten führen zueinander

1. *Das Atomium in Brüssel – Symbol der Einheit.*
2. *Europa – Kontinent mit Geschichte, Kontinent mit Zukunft.*
3. *Weltoffen und tolerant – Europas Metropolen im neuen Millennium.*

8

9

sondern auch anhand wichtiger Stationen in Europa die Meilensteine von Kulturstiftung und Strukturentwicklung aufzuzeigen. Kaum etwas kann dies besser als die spannende, attraktive, lehrreiche, nachvollziehbare und unterhaltsame Schilderung des Weges zu Europa – des „Bonifatiusweges".

14. Innovationskraft in Reinkultur – der TGV.
15. Projekt Ariane – gemeinsam zu den Sternen.
16. Der Fall der Berliner Mauer – Initialzündung für ein neues Denken.
17. Alte Kulturlandschaften prägen die europäischen Regionen.
18. Die Architektur des neuen Europa.
19. Brücken bauen heißt Menschen verbinden.
10. Über 2000 Jahre Kulturgeschichte – vom Imperium Romanum zur EU.

10

Bonifatius

Vom Missionar zum Architekten Europas

Eine große Gestalt – auch von den Körpermaßen her

Als 1966 die Gebeine aus dem Bonifatiusgrab im Fuldaer Dom wissenschaftlich untersucht wurden, stellte man fest, dass sie einem muskulösen Mann von 1,85 bis 1,90 Metern Länge gehörten, der wohl im 8. Jahrhundert sehr betagt gestorben ist.
Bonifatius, auf den der Befund passt, war also schon anatomisch wie geschaffen, die enorme Kraft des Wortes Gottes zu unterstreichen. Der Botschafter entsprach der Botschaft.

Ein Mann Gottes – und ein kirchlich-politischer Weichensteller

Die europäische Dimension seines Wirkens macht ihn auch 1250 Jahre nach seinem Tod verblüffend aktuell: Als Angelsachse gewann er viele Menschen in Germanien für die römisch-katholische Kirche. Er dachte in christlicher Universalität über Stammesgrenzen hinaus, ermöglichte geopolitische Zusammenhänge. So wurde Bonifatius zum Architekten der Allianz, die Papst Stephan II. und Hausmeier Pippin zwischen römischer Kirche und Frankenreich schlossen.
Der große Missionar taugt als Vorbild für alle heutigen Baumeister Europas.

Bonifatius, von friesischen Räubern am 5. Juni 754 bei Dokkum ermordet, sah sich als Werkzeug des Himmels. Er konnte im wahrsten Sinne schlagfertig sein, wenn es um einen Beweis für Gottes Macht ging. Das dokumentiert eine Tat, die den Missionar berühmt gemacht hat: Im Jahr 723 fällte er bei Geismar (nahe Fritzlar) spektakulär eine dem germanischen Gott Donar geweihte Eiche. Das Holz verwendete Bonifatius für eine kleine Kirche, die er dem heiligen Petrus weihte und aus der sich das Fritzlarer Kloster entwickelte.
Er gründete unter anderem auch die Klöster Amöneburg, Ohrdruf und Fulda. Solche Zellen des Glaubens spielten als Basisorte für die Verkündigung damals eine entscheidende Rolle – und im Leben dieses Mönches sowieso.
Der Junge mit dem Taufnamen Wynfreth (Winfrid), um 675 wohl in Crediton im Südwesten Englands geboren, war siebenjährig als „puer oblatus" dem Kloster Exeter übergeben worden – eine damals durchaus übliche Praxis. Er wuchs in das geistliche Leben nach der Regel des Hl. Benedikt gut hinein. Die strengen Maßstäbe der frommen Gemeinschaft im Sinne des „Ora et labora" (Bete und arbeite) erfüllte Wynfreth-Bonifatius offensichtlich mit Freude.

3

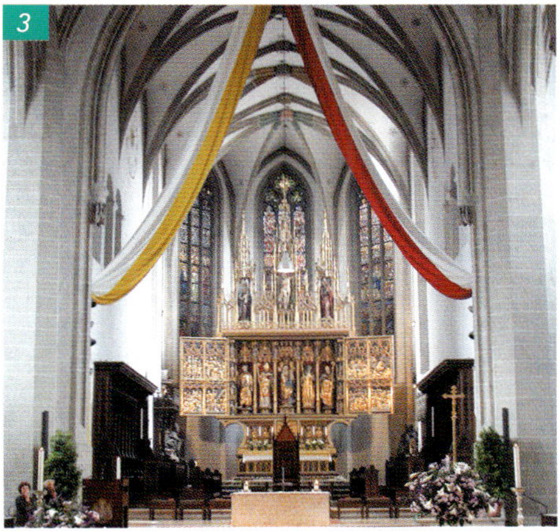

Ein erfülltes Leben

1. *Der heilige Bonifatius – Gemälde von Johannes Andreas Herrlein (1723–1796).*
2. *Symbol einer neuen Zeit – der Dom zu Fritzlar.*
3. *Bonifatius setzte auch in Eichstätt imposante Zeichen des neuen Glaubens.*
4. *Auf dem Weg zu neuen Ufern – der englische Missionar Winfrid aus der Sicht der Künstlerin Agnes Mann.*

4

Bonifatius

Vom Missionar zum Architekten Europas

1

2

Begeistert las und studierte er die Bibel, zeigte große Wissbegier, was die Theologie und andere Bildungsschwerpunkte betraf. Später wechselte er in das Kloster Nursling, in dem er seinen wissenschaftlichen Hunger besser stillen konnte. Dort entwickelte sich der junge Mönch zum hoch geschätzten Priester, Prediger und Glaubenslehrer. Für kurze Zeit wurde er Abt von Nursling, doch eine große Leidenschaft für die Mission trieb ihn auf den Kontinent. Er war beseelt davon, Christus denjenigen zu bringen, die ihn noch nicht oder nur unzureichend kannten. Nach einem fehlgeschlagenen Versuch wieder heimgekehrt, verließ Bonifatius im Herbst 718 als über 40-Jähriger England für immer. Fast vier Dekaden aufreibenden Einsatzes für Gott, Menschen und Kirche sollten in der Fremde vor ihm liegen.

Dabei kam dem äußerst prinzipientreuen Ordensmann zugute, dass er eine große persönliche Ausstrahlung besaß und dadurch viele Mitarbeiter gewinnen konnte. Außerdem war er ein Meister der Kontaktpflege, was seine Briefe beweisen.

Bonifatius und seine Gefährten

Ein überzeugter Europäer verändert die bekannte Welt

1. *Moderne Darstellung des europäischen Heiligen im Bonifatiuskloster Hünfeld.*
2. *Bonifatius erhält in Rom seinen Auftrag und den apostolischen Segen.*

missionierten mit erfreulicher Resonanz vor allem in Hessen und Thüringen. Sie brachten Glauben und Bildung nach Germanien. Beides gehörte für Bonifatius schon mit Blick auf seinen persönlichen Werdegang untrennbar zusammen.

„Großer Erforscher der himmlischen Bibliothek"

Dazu Kirchenhistoriker Josef Leinweber: „Neben dem Glauben verdankten die germanischen Stämme ... auch die Güter der Kultur weithin dem ‚großen Erforscher der himmlischen Bibliothek', wie Erzbischof Cuthbert von Canterbury Bonifatius in einem Brief unmittelbar nach dessen Tod nennt." Cuthbert spielt mit dieser Beschreibung darauf an, dass sein Landsmann Handschriften mit dem überlieferten Wort Gottes oder mit anderen religiösen Texten auch im Missionsalltag nie entbehren konnte. So war es sicher ganz im Sinne des Bücherfreundes Bonifatius, dass seine Lieblingsgründung, das Kloster Fulda, nach seinem Tod zu einem der bedeutendsten Zentren frühmittelalterlicher Sprachkultur heranwuchs.
Für die Bildung von Mädchen und Frauen trug Bonifatius ebenfalls Sorge: Damit betraute er vor allem sei-

3

4
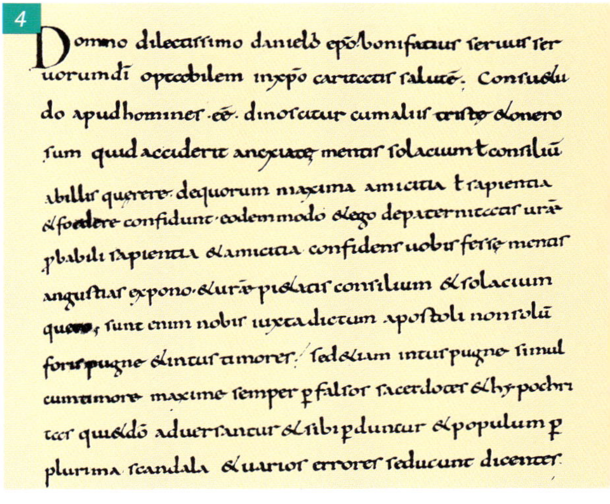
Domino dilectissimo danielo epo bonifatius seruus ser
uorum di optabilem in xpo caritatis salutem. Consuetu
do apud homines est dinoscitur cum aliis tristes et onero
sum quid acciderit anxiataeque mentis solacium t consiliu
ab illis quaerere de quorum maxima amicitia t sapientia
et foedere confidunt. eodem modo et ego de paternitatis urae
probabili sapientia et amicitia confidens uobis fessae mentis
angustias expono et ut uestrae pietatis consilium et solacium
quaeram, sunt enim nobis iuxta dictum apostoli non solu
foris pugnae et intus timores. sed etiam intus pugnae simul
cum timore maxime semper per falsos sacerdotes et hypochri
tas qui a do auertantur et sibi perduntur et populum per
plurima scandala et uarios errores seducunt dicentes.

3. Ein Kleinod romanischer Sakralarchitektur in Deutschland – der Mainzer Dom.
4. Frühmittelalterliche Kommunikation zwischen großen Kirchenmännern – Ausschnitt eines Briefes von Winfried an Bischof Daniel von Winchester.

ne Mitarbeiterin und Verwandte Lioba, die als Äbtissin des Klosters Tauberbischofsheim sehr segensreich tätig war.
Bonifatius wusste aus seinen frühen negativen Erfahrungen in Friesland, die seine erste Reise hatten scheitern lassen, dass ein Missionar politisch und kirchlich autorisiert sein musste. Vor seinem zweiten Versuch hatte deshalb sein erster Weg zu Papst Gregor II. geführt, in dessen Dienst er sich ausdrücklich stellte und von dem er den Namen „Bonifatius" erhielt. Er reiste insgesamt dreimal nach Rom und wurde vom jeweils amtierenden Kirchenoberhaupt nacheinander zum Missionar, zum Missionsbischof, zum Erzbischof (zunächst ohne festen Sitz) und zum päpstlichen Legaten für Germanien ernannt.
Durch die Beauftragung von ganz oben machte Bonifatius den politischen Machthabern im Frankenreich und den Kirchenvertretern seiner Wirkungsstätten deutlich: Wer es mit ihm zu tun hatte, der hatte es mit Rom zu tun.

1

Bonifatius und die Seinen bewegten viel

742 schrieb er an Papst Zacharias: „Die Völker Germaniens sind einigermaßen aufgerüttelt und auf den Weg geschickt."

An jedem Ort eine neue Erfahrung ...

1. *Der Sitz des Papstes in Rom war für Bonifatius Ausgangspunkt und missionarischer Rückhalt zugleich.*

2. Die Reform der Bistümer Passau (Bild), Salzburg und Freising nahm breiten Raum in der Tätigkeit Winfrids ein.
3. Der Codes Ragyntrudis – der Legende nach das Buch, welches Bonifatius vor seinem Tod schützend über sich hielt.

Der Missionar war sich bewusst, dass der neu verkündete oder erstarkte Glaube kirchlich-strukturell gesichert werden musste, damit er in den Menschen überleben konnte. So sanierte Bonifatius das Kirchenleben in Bayern, hauptsächlich durch die Neuordnung der Bischofssitze Passau, Regensburg, Freising und Salzburg. Außerdem gründete er für Hessen und Thüringen die Bistümer Büraburg (bei Fritzlar), Erfurt, Würzburg sowie Eichstätt für den bayerischen Norden. Das meiste von dem, was er an Kirchenstrukturen schuf, besteht bis heute. Er selbst leitete von 746 bis zu seinem Tod 754 das Bistum Mainz, obgleich er eigentlich für Köln vorgesehen gewesen war.
Die beachtlichen Erfolge des Bonifatius, die auch durch Synodenbeschlüsse dokumentiert sind, hatten eine Kehrseite. Bei dem Unterfangen, den fränkischen Klerus auf die römische Linie zu bringen, erlitt er schmerzliche Rückschläge. Vor allem nach der Abdankung von Pippins Bruder Karlmann sah Bonifatius seinen Einfluss auf die fränkische (Kirchen-)Politik schwinden.
Müde und enttäuscht nahm er an seinem Lebensende kaum noch wahr, welch wichtige Wege er in christlichem Geist bereitet hat. Die Menschen Europas gehen sie teilweise noch heute.

1

Europa auf der Spur

Kultur-Radler darf man die beiden Fuldaer Geschäftsleute Konrad Schnorr und Franz Heimann durchaus nennen. Tausende Kilometer haben die beiden Radfreunde in den letzten 10 Jahren auf den Fahrrädern zurückgelegt. Und immer haben es ihnen die kulturell bedeutenden Orte angetan, wie zum Beispiel der Jakobusweg bis nach Santiago de Compostela oder über Rom nach Jerusalem zu den Golan-Höhen.

Jede große Reise beginnt mit dem ersten Schritt ...

1. *Die geheimnisumwitterte Kultstätte Stonehenge war bereits zu Winfrids Zeiten ein Relikt aus uralten Zeiten und ein Ort von Legenden und Mythen.*

2

Als Schnorr und Heimann in Fulda von den faszinierenden Hintergründen der Spurensuche nach den Entwicklungen Europas, vom Bonifatiusweg, hörten, gab es nur ein Ziel: die gesamte Strecke per Rad zu erkunden und an vielen Plätzen nach Grundlagen zu forschen.

3

Die „Tour de Boniface"

Und sie suchten nicht nur, sie fanden auch. Vielfältige und spannende Fakten auf 4050 Kilometern, quer durch die sechs Länder: England, Frankreich, Belgien, Holland, Deutschland und Österreich. Überall, wo Bonifatius im 8. Jahrhundert nicht nur Kirchengeschichte mit geschrieben, sondern auch die Grundlagen für ein neues Weltbild gelegt hatte.
Über 280 Stunden saßen die Radler im Sattel, um den Bonifatiusweg kennen zu lernen. „Es gab sehr viele schöne Momente, aber auch größte Anstrengungen. Wir haben uns oft damit motiviert, indem wir sagten, dass vor 1200 Jahren die Reisebedingungen viel, viel härter waren", fassten die Rad-Pilger zusammen. Viel Kurioses haben die beiden erlebt. Wie etwa in einem französischen Städtchen, in dem sich die Fuldaer bei einem Festzug hinter einem Themen-

4

2. *Moderne Pilger auf den Spuren des heiligen Bonifatius im Norden Frankreichs.*
3. *Die wilde Schönheit der Normandie mag schon den jungen Winfrid auf seiner Reise fasziniert haben.*
4. *Aufregende Entdeckungsreise in die Kultur und Architektur eines Landes mit Charakter.*

1

wagen „Tour de France" einordneten und für viel Verwirrung sorgten.

Natur, Kultur und Gegenwind

Unvergessliches haben sie erfahren. Lohn ihrer Strapazen war die Bekanntschaft mit einladender Landschaft und vielfältiger Architektur. Das Knacken reifenden Weizens hinterließ einen immerwährenden Eindruck. Und da ihnen an der Nordseeküste viel Gegenwind entgegenblies, verlegten sie die Strecke schon mal ins Landesinnere. Natürlich standen jeden Tag Recherchen und Besichtigungen auf dem Programm. An manchen Wirkungsstätten des Bonifatius fanden die beiden viel, andere Stationen boten wenig. Davon wird in den Beschreibungen der einzelnen Orte die Rede sein.

Vom Gast zum Freund

Ein Emblem des „Bonifatiusweges", mit dem Schnorr und Heimann an ihren Rädern warben, führte zu aufschlussreichen Kontakten und neuen Bekanntschaften. In vielen Städten ihrer Tour wurden die beiden herzlich aufgenommen.

Einzigartige Landschaften prägen Europa

1. *Niederlande – Treffpunkt der Kulturen und offenes Tor zur Welt.*
2. *Die faszinierende Hochgebirgslandschaft der Alpen war im frühen Mittelalter eine natürliche und nur schwer überwindbare Grenze zwischen Nord und Süd.*

2

3

Kulturhistoriker und Theologen diskutierten mit den Besuchern. Immer wieder waren die beiden vom Interesse und von der Gastfreundschaft beeindruckt, schlossen Freundschaften. Natürlich hatte die Radreise auch kirchliche Aspekte. Der Bamberger Erzbischof Prof. Dr. Ludwig Schick feierte zu Beginn und Ende der Tour Gottesdienste und unterstrich damit auch die kirchliche Bedeutung dieses spannenden Projekts.

Das Fazit der Spurensucher: „Wir haben viel Schönes erlebt und viel Schönes gesehen – und wir empfehlen allen, diese Tour ganz oder in Einzeletappen zu genießen. Wir würden uns jederzeit wieder auf den Weg machen."

4

6

7

3. Gut gelaunte Pilger ...
4. Die Niederlande wie aus dem Bilderbuch ...
5. Friesische Impressionen ...
6. Der Weinbau am Rhein kann auf Ursprünge aus der Römerzeit zurückblicken.
7. Unsere Pilger werden von Weihbischof Schick in der Domstadt Fulda begrüßt.

1

Ein Bethlehem für Europa

Crediton – malerisch gelegen inmitten der sanften Hügellandschaft von Mid-Devon – ist ein Ausgangspunkt im doppelten und besten Sinne.

Dunkles Mittelalter herrschte im 7. Jahrhundert n. Chr. in der ländlichen Region, als – der Überlieferung nach – um 675 in Crediton ein Mann geboren wurde, der die Entwicklung eines gesamten Kontinents nachhaltig beeinflussen sollte: Winfried, besser bekannt als der heilige Bonifatius.

2

3
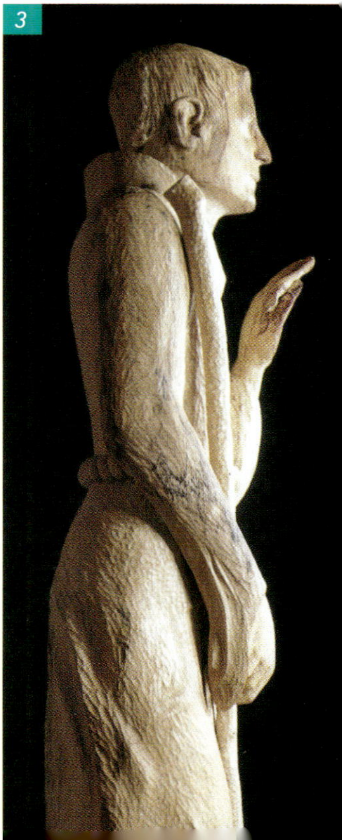

Weit über 1250 Jahre später findet man noch viele Spuren und etliche Hinweise auf den größten Sohn des Städtchens, das damit als „Geburtsort" eine ähnliche Bedeutung für die Entwicklung Europas hat wie Bethlehem für das Christentum und für die ganze Welt.

Historie zum Anfassen

Buchstäblich im Mittelpunkt von Crediton steht die Holy-Cross-Kirche, die kein Besucher versäumen sollte. Erste Erwähnungen stammen aus dem Jahr 933 n. Chr. Aber von ihr ist möglicherweise nichts erhalten geblieben. Die Bauzeit der herrlichen, kathedralartigen Holy-Cross-Kirche begann 1150 und reichte bis ins Jahr 1410.

Hier nahm alles seinen Anfang ...

1. *Die Holy-Cross-Kirche in Crediton ist ein gutes Beispiel englischer Kirchenarchitektur auf dem Lande.*
2. *Die malerische Landschaft rund um Crediton vermittelt dem Besucher einen Eindruck von Ruhe und Beschaulichkeit.*
3. *Crediton gedenkt des heiligen Bonifatius mit einer lebensgroßen Statue in der Holy-Cross-Kirche.*

1

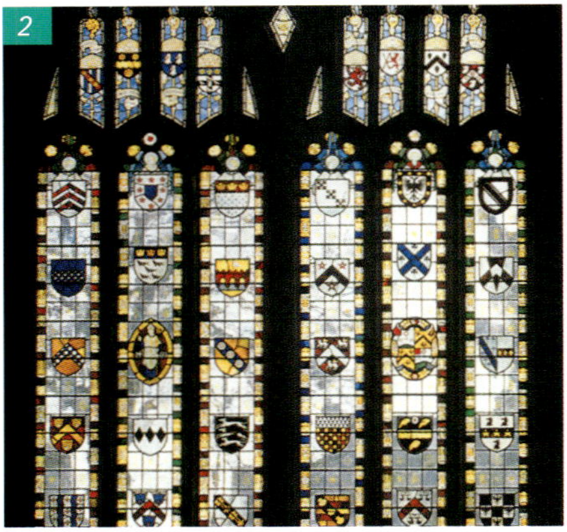

2

Viele schöne Dinge erfreuen das Auge des Betrachters. Von vortrefflichen Bildhauerarbeiten bis zur beeindruckenden Holzdecke, vom großartigen Turm mit 8 Glocken bis zu dekorativen Glasfenstern: Die Liebe zum Detail wird überall offenkundig.

Im Jahr 739 n. Chr. soll die Gründung eines Klosters die Basis gewesen sein, dass Crediton um etwa 900 n. Chr. zum Bischofssitz aufstieg; dieser wurde 1050 n. Chr. wieder nach Exeter rückverlegt. Überall stößt man auch auf weltliche Geschichte – von den Spuren der vom 12. bis zum 16. Jahrhundert bedeutenden Bekleidungsindustrie, vom großen Brand von 1743, dem 460 Häuser zum Opfer fielen, bis hin zu dem „zweitgrößten" Sohn Creditons, dem im Jahr 1839 geborenen, späteren General Sir Redvers Buller.

Geburtsstadt mit Charme und Charakter

1. *Die anglikanische Holy-Cross-Kirche ist ein Ort des kontemplativen Verweilens.*
2. *Die Wappenschilde der lokalen Adelsfamilien schmücken die großzügigen Fenster im Innenraum.*
3. *In Crediton hat der heilige Bonifatius seinen festen Platz im Stadtbild und in den Herzen der Menschen.*
4. *Als Gott die Zeit machte, schenkte er Crediton viel davon.*

3

Tourismus zum Erleben

Nach den historischen Aspekten wenden wir uns dem fantastischen Angebot zu.
Alles, was der heutige Gast oder Besucher erwartet und sucht, findet er in Crediton in sehr hoher Qualität: gepflegte Hotels und Restaurants, vielseitigen Einzelhandel mit regionaltypischen Angeboten, qualifizierte medizinische Versorgung, gute Verkehrsverbindungen und vieles mehr.

Doch die eigentlichen Schätze von Crediton sind die wohltuende Landruhe, die Lage in malerischer Umgebung mit nahezu 50 Orten. Überall trifft man auf anheimelnde, typische „Cottages“, auf mannigfaltige historische Denkmäler, auf Kirchen mit jahrhundertealter Anziehungskraft – eingebettet in eine unvergleichlich schöne Hügellandschaft. Zauberhaften Reiz besitzt die „Countryside“, wo wie vor Jahrhunderten Schafe weiden und die Natur das Gefühl tiefer Geborgenheit schenkt.

Erholung und Entspannung pur: Auch dies ist Crediton heute. Ein Lebensrhythmus, den zu genießen es sich lohnt. Und wer mal schnell Großstadtluft schnuppern will: Nur wenige Minuten sind es bis zur nächsten Station – Exeter, der Hauptstadt von Devon.

4

5. Gemütliche Cottages in idyllischen Dörfern rund um Dartmoor und Exmoor.
6. Traditionelle Landwirtschaft prägt die Umgebung von Crediton.

5

6

Swansea Bay
Pyle
Bridgend
CARDIFF
Portishead
Mouth of the Severn
Clevedon
BRISTOL
Ogmore-by-Sea
Cowbridge
St. Andrews Major
Penarth
Wick
Lavernock Point
Llantwit Major
Barry
Porthkerry
Backwell
Chew Valley Lake
Weston-Super-Mare
Churchill
Bristol Channel
Axbridge
Mendip Hills
Cheddar
Axe
Foreland Point
Lynmouth
Burnham-on-Sea
Wedmore
Bridgwater Bay
Porlock
Minehead
Steart
Watchfield
Wells
Dunkery Beacon 515 m
Watchet
Kilve
Brue
Westhay
Challacombe
Washford
Cannington
Glastonbury
Exe
Wheddon Cross
Ashcott
Simonsbath
Exford
Flaxpool
Quantock Hills
Bridgwater
Street
Winsford
Brendon Hills
Othery
Combe Florey
Parrett
Wiveliscombe
Upton
Curry Rivel
Kingsdon
Oldways End
Taunton
Tone
Long Sutton
South Molton
Wellington
Ilchester
Bampton
Corfe
South Petherton
Meshaw
Canal
Yeovil
Black Down Hills
Ilminster
Chulmleigh
Witheridge
Tiverton
Culmstock
Hemyock
Combe St. Nicholas
Crewkerne
Eggesford Station
Uffculme
Newcott
Bickleigh
Cullompton
Dunkeswell
Chard
Wayford
Halstock
Copplestone
Dulford
Culm
Broadwindsor
Crediton
Clyst Hydon
Dalwood
Bow
Rewe
Honiton
Axminster
Mapperton
Broadclyst
Fairmile
Farway
Chideock
Whiddon Down
Exeter
Rockbeare
Colyford
Lyme Regis
Bridport
Rousdon
Burton Bradstock
Dunsford
Woodbury
Beer
Chagford
Moretonhampstead
Sidmouth
Beer Head
Ashton
Teign
Lustleigh
Budleigh Salterton
Ashcombe
Exmouth
Lyme Bay
Widecombe in the Moor
Dawlish
Kingsteignton
Ashburton
Newton Abbot
N
0
10
20
30 km

Auf der kurzen Strecke zwischen Crediton und Exeter erschließt sich dem Besucher eine vielfältige und abwechslungsreiche Landschaft, die von einer Vielzahl spannender Ein- und Ausblicke geprägt ist.

In und um Exeter gewinnt der Reisende den Eindruck, dass die Zeit an manchen Orten wirklich stehen bleiben kann. Uralte Bäume in scheinbar verwunschenen Hainen, malerische Bauten und fröhlich plätschernde Bäche laden dazu ein, Stress und Hektik hinter sich zu lassen.

1

Exeter: Gestern und heute eine Quelle der Erkenntnis

Nur ein Katzensprung trennt Crediton, den Geburtsort des Bonifatius, von Exeter. Nähert man sich heute von Nordwesten aus dieser einzigartigen Stadt an den Ufern des Exe, wird man vom atemberaubenden Flair eines modernen Oberzentrums empfangen, dessen Wurzeln weit über 2000 Jahre zurück bis in die Antike reichen. Exeter war seit seiner Gründung durch die Römer eine Brücke zwischen Meer und Land. Diese Charakteristik spürt man vor allem rund um den alten Hafen mit seinen gemütlichen Cafés, urigen Kneipen und Hinweisen auf eine bewegte maritime Vergangenheit. Heutige Besucher können sich gut vorstellen, dass auch der junge Wynfreth von diesem Ort, der sein Leben mit prägen sollte, sofort begeistert und spirituell zutiefst berührt war.

Das kulturelle Zentrum von Devonshire

Über 1300 Jahre sind seit Bonifatius vergangen. Menschen kamen und gingen, die Landschaft zwischen Dartmoor, Exmoor und den Blackdown Hills hat sich verändert, aber die alte Stadt Exeter im Südwesten Englands liegt immer noch an der Mündung des River Culm, direkt am breiten Mündungstrichter des Exe. Ebenso wie viele Städte im Süden Englands kann auch Exeter auf eine wechselvolle Geschichte zurückblicken, deren steinerne Zeugen überall zu finden sind. Auch Forschung und Lehre haben nach wie vor ihren festen Platz in Exeter. Die Universität im Herzen der Stadt ist zwar nicht mehr Teil eines Klosters, aber die Nähe zum 1050 erstmals urkundlich erwähnten Bischofssitz schafft immer noch eine Verbindung zu den Ereignissen rund um den Novizen Wynfreth aus Crediton.

2

3

Geschichte hautnah erleben

1. *Die Saint-Peter-Kathedrale ist noch heute ein spiritueller Mittelpunkt der alten Hafenstadt Exeter.*
2. *Eine Vielzahl sehenswerter Museen bietet spannende Zeitreisen in die bewegte Geschichte von Stadt, Land und Leuten.*
3. *Der alte Hafen ist sowohl für Besucher als auch für die Einwohner von Exeter ein beliebter Treffpunkt.*

EXETER

Wege zu Europa

Das weithin sichtbare Wahrzeichen Exeters ist seit der Mitte des 14. Jahrhunderts die gotische Kathedrale Saint Peter. Mit ihren mächtigen Doppeltürmen kündet dieses überragende Bauwerk von Zeiten, in denen die Stadt eine bedeutende Rolle in der Geschichte Englands spielte.
Heute kann Exeter seinen Besuchern von allem etwas bieten: Kunst und Kultur, Geschichte und Gegenwart, Entspannung und Erlebnisse. Jede Minute gibt Raum für neue Entdeckungen und schenkt Muße, um einen Ort zu genießen, der mitten im Leben liegt und ein echtes Stück Europa ist, dessen Charme sich kaum jemand entziehen kann.

1

Leben und Lernen im Kloster

Ebenso wie die heutigen Studenten war auch der junge Wynfreth fasziniert vom Gedanken, über das Wissen zur Erkenntnis zu gelangen. Freilich darf man sich das Studium in einer mittelalterlichen Klosterschule nicht so vorstellen, wie wir es von heutigen Universitäten kennen. Gemäß dem benediktinischen Grundsatz „Ora et labora" war der Unterricht nur ein kleiner Bestandteil der

2

Erlebniswelt mit Seltenheitswert

1. *Freundliche Menschen und Lebensfreude pur – Exeter ist nicht nur im Sommer ein beliebtes Ausflugsziel.*
2. *Die St. Nicolas Priory mit ihrem massiven spätromanischen Eingangsportal.*
3. *Die wildromantische Moorlandschaft von Dartmoor bietet in jedem Winkel immer neue Facetten und Impressionen.*

3

4

Gesamtausbildung und fest eingefügt in die Routine des klösterlichen Lebens. Schwerpunkte bildeten das Erlernen der lateinischen Sprache und das Studium der Heiligen Schrift. Man kann sich gut vorstellen, dass der kleine Wynfreth auch Interessen nachgegangen ist, die für einen Jungen seines Alters typisch waren. Kleine heimliche Ausflüge an die nahe Kanalküste haben sicherlich ebenso dazugehört wie Streiche, zu denen Kinder in jeder Epoche der Menschheitsgeschichte fähig waren und sind.

4. Jeder Spaziergang durch das alte Exeter ist verbunden mit der Entdeckung einer Vielzahl pittoresker Momentaufnahmen.
5. Die unmittelbare Nähe zum Meer macht Exeter zum idealen Ziel für alle Freunde windbewegter Küstenlandschaften.

Geheimnisvolles Umland

Wohl kaum eine Region der britischen Insel ist so reich an Artefakten aus der Vorzeit wie der Südwesten Englands. In Dartmoor, Exmoor und im nahe gelegenen Cornwall fühlt man sich auf Schritt und Tritt in die Zeit der Druiden, mystischer Rituale und geheimnisvoller Kulte zurückversetzt. Verstärkt wird dieser Eindruck durch eine wilde Landschaft, die unsere Fantasie anregt und dank ihrer Ursprünglichkeit ein Genuss für alle Sinne ist.

5

Aberdare
Abertillery
Gelligaer
Cwmbran
Rhondda
Caerphilly
NEWPORT
Portishead
CARDIFF
Penarth
Barry
Clevedon
BRISTOL
Keynsham
Bath
Stroud
Dursley
Thornbury
Yate
Cotswold Hills
Cirencester
SWINDON
Wroughton
Chippenham
Marlborough
White Horse Hills
Kennet
Thames
Abingdon
Wantage
Newbury
Walbury Hill
297 m
Devizes
Trowbridge
Westbury
Salisbury Plain
North Tidworth
Andover
Amesbury
Warminster
Frome
Midsomer Norton
Mendip Hills
Wells
Shepton Mallet
Mere
Salisbury
Winchester
Avon
Nursling
SOUTHAMPTON
Ringwood
Blandford Forum
Wimborne Minster
Christ-church
Lyming-ton
POOLE
BOURNE-MOUTH
Poole Bay
Swanage
Isle of Purbeck
Weston-Super-Mare
Bristol Channel
Mine-head
Burnham-on-Sea
Bridgwater
Brendon Hills
Taunton
Wellington
Tiverton
Black Down Hills
Yeovil
Sherborne
Ilminster
Chard
Blackmoor
Axe
Honiton
Exeter
Sidmouth
Exmouth
Bridport
Dorchester
Weymouth
Weymouth Bay
Fortuneswell
Isle of Portland
Lyme Bay
Torquay
Brixham
English Channel
N
0 15 30 45 km

Die südenglischen Seebäder sind seit weit über einem Jahrhundert bei Alt und Jung beliebte Ferienorte. Bedingt durch ihr mildes Klima finden sich hier mediterranes Flair und alte Kulturgeschichte auf engstem Raum.

In Dorchester und Umgebung stehen hautnahe Natur-Erlebniswelten im Mittelpunkt. Die sanfte Hügellandschaft mit ihren Feldern, Wiesen und Wäldern bietet sich wie von selbst für Wanderer, Radfahrer und Reiter an, um den Stress und die Hektik des Alltags hinter sich zu lassen.

Ringwood ist das Tor zum New Forest, einem ausgedehnten und geschichtsträchtigen Waldgebiet, das über viele Jahrhunderte als Jagdrevier der englischen Könige genutzt wurde. Viele Mythen und Legenden ranken sich um diese urwüchsige Waldlandschaft mit ihrem bemerkenswerten Wildbestand.

1

Rhetorik, Metrik und Grammatik

2

Seltsam ist es schon, ein Kloster „Nutscelle“ (übersetzt: Nussschale) zu nennen, aber es muss wohl etwas mit seiner Geschichte zu tun haben, die im 7. Jahrhundert begann. Das Kloster errang eine hervorragende Stellung unter den Abteien Südenglands. Seinem Ruf folgte auch der junge Winfrid aus Crediton, der hier eine umfassende Bildung erhielt. Er studierte Geschichte, Rhetorik und Metrik und verfasste die erste lateinische Grammatik in England. Im Alter von 30 wurde er hier zum Priester geweiht und wirkte mehrere Jahre als Lehrer, bis der 40-Jährige, mittlerweile Abt geworden, das Kloster für immer verließ. Das Ende der Abtei kam im Jahre 878, als plündernde Dänen es zerstörten.

An der Stelle des Klosters liegt heute die Ortschaft Nursling im Bezirk Test Valley der Grafschaft Hampshire zwischen Romsey, New Forest und Southampton.

Die Besiedlungsgeschichte reicht bis in die Zeit der Römer zurück. 1085, im Jahr der ersten Volkszählung in Britannien, wird die Zahl der Bewohner im „doomsday book“ mit 21 angegeben.

Vermutlich auf der Ruine des Klosters wurde die Bonifatiuskirche von Nursling errichtet. Ihre Anfänge gehen bis in das Jahr 1240 zurück. Ihr Glockenturm ist heute das Wahrzeichen des Ortes. Im Inneren der Kirche findet man eine Darstellung des Bonifatius, die ihn als Bischof von Mainz zeigt.

3

Bildungsstätte mit Geschichte

1. *Prächtige Glasfenster erinnern in Nursling an den einstigen Studiosus.*
2. *Die alte Abtei von Nursling spiegelt den Glanz vergangener Zeiten wider.*
3. *Der große Glockenturm der alten Abteikirche besticht durch klare Linien und schlichte Formen.*

1

2

Sichtbare Spuren

Erwähnenswert ist auch das Grabmal, das Anfang des 17. Jahrhunderts Sir Richard Mills für sich und seine Frau Mary errichten ließ.
Nursling ist heute ein Vorort von Southampton, obwohl politisch dem Test Valley zugeordnet. Das außerordentlich reizvolle Flusstal ist ein hervorragendes Revier für Angler. Wer das Fliegenfischen noch nicht kennt, der kann es hier unter kundiger Anleitung erlernen. Malerisch auf einer Anhöhe über dem Fluss erhebt sich Broadlands, der Landsitz des letzten Vizekönigs von Indien, Lord Mountbatten. Berühmt wurde der Landsitz auch deshalb, weil hier einige Mitglieder des britischen Königshauses ihre Flitterwochen verbrachten.

Die Kraft der Gezeiten

Wenige Kilometer von Nursling entfernt, am westlichen Ende des Southampton Water, trifft der Besucher ein außergewöhnliches Stück frühindustriellen Erbes. Die seit 1980 wieder funktionsfähige Gezeitenmühle von Eling ermöglicht einen Einblick in eine über 900-jährige Tradition. Vor der Einführung der Dampfmaschine war die Gezeitenmühle die einzige Technik, die an 365 Tagen im Jahr zuverlässig Energie lieferte.

Jagdgründe Ihrer Majestät

Südlich von Nursling erstreckt sich das ausgedehnte Gebiet des New Forest, seit Wilhelm dem Eroberer unter besonderem Schutz. Seit mehr als 900 Jahren ist diese Landschaft, die den Königen als Jagdgebiet diente, beinahe unverändert geblieben. Da dieses Privileg der Vergangenheit angehört, kann heute jeder die unverfälschte Naturlandschaft erleben.

Stadt und Natur im Einklang

1. *Alte Friedhöfe sind wie aufgeschlagene Geschichtsbücher. Längst vergessene Namen und Ereignisse werden zu neuem Leben erweckt.*
2. *Für Angler sind die vielen naturbelassenen Bach- und Flussläufe ein echtes Eldorado.*

2000 Jahre turbulente Geschichte

Nur sechs Meilen sind es von Nursling bis ins Zentrum von Southampton. Die Hafenstadt hat eine fast 2000-jährige, mitunter turbulente Geschichte. Von den Römern im Jahre 70 als Clausentum gegründet, nach deren Abzug aufgegeben und von den Angelsachsen 690 unter dem Namen Hamtun wieder aufgetaucht, überstand sie die Attacken der Wikinger, die normannische Eroberung, den französischen Überfall 1338 und die Luftangriffe im Zweiten Weltkrieg.
Southampton war lange Zeit der wichtigste Hafen für den transatlantischen Personenverkehr und Sitz der White Star Line. Hier begann auch die tragische Fahrt der Titanic, deren Besatzungsmitglieder zumeist aus der Stadt stammten.
Eine Vielzahl touristischer Anziehungspunkte macht die Stadt zu einem lohnenden Ziel, die zum größten Teil erhaltene mittelalterliche Stadtmauer mit ihren Toren und Wehranlagen ebenso wie die historischen Gebäude, Kunstgalerien und Museen. Ein großstädtisches Angebot an Einkaufs- und Freizeitmöglichkeiten lässt kaum Wünsche offen.

3. Die Hafenstädte Portsmouth und Southampton sind seit vielen Jahrhunderten die englischen Tore zur Welt.
4. Die Reste starker Fortifikationsanlagen in Portsmouth belegen eine wechselvolle, nicht immer friedliche Vergangenheit.

Portsmouth

Als bedeutender Fährhafen und wichtigster britischer Marinehafen ist die Stadt immer einen Besuch wert. Die malerische Strandpromenade aus viktorianischer Zeit lockt ebenso wie das historische Hafengelände, das Marinemuseum, Festungen aus mehreren Epochen, Kathedralen und die Museumsschiffe, allen voran die HMS Victory, das Flaggschiff von Lord Nelson.

1

Zu neuen Ufern

Nach dem letzten gemeinsamen Frühstück verließen Abt Winfried und seine Begleiter Nutscelle. Sie hatten bis zur Küste mehr als einen Tag Fußmarsch vor sich. Der Abschied war nicht leicht gefallen. Alle Mitbrüder hatten bis zuletzt gehofft, ihr verehrter Abt würde bei ihnen bleiben. Aber Winfried brannte vor Eifer, seine bereits in Friesland begonnene Mission wieder aufzunehmen. Diesmal, mit dem Segen des heiligen Vaters, konnte ihn nichts aufhalten. Als die Reisenden die Küste erreichten, war es bereits später Vormittag. Die Flut begann schon zu steigen. Die Fischer waren von ihrem Fang zurückgekehrt und hatten ihre Beute an Land ausgebreitet. Im Hafen ließ Winfried nach Osric dem Einäugigen Ausschau halten, mit dessen Boot er übersetzen wollte. Er kannte den alten Halunken schon von früheren Reisen und wusste, dass man sich

2

Maritimes aus vielen Jahrhunderten

1. *Der malerische alte Hafen von Portsmouth vermittlt beschauliche Seefahrerromantik.*
2. *Mit Linienschiffen wie der mächtigen HMS Victory beherrschte das Königreich über Jahrhunderte die Meere.*

bei ihm in besten Händen befand. Kaum einer hatte so oft die Überfahrt gewagt wie er. Osric hatte die Mönche schon gesehen und schickte Erian, um sie zur Eile zu bewegen, da er mit dem Hochwasser auslaufen wollte. Kaum hatten Winfried und sein Gefolge im Heck des Schiffes Platz gefunden, hob sie die hereinkommende Flut empor, und sie gewannen schnell an Fahrt.
Bei Einbruch der Dämmerung frischte der Wind erneut auf, und es begann zu regnen. Der Nachen tanzte auf den Wellen. Das über das Heck gespannte Segeltuch bot nur geringen Schutz. Und als wäre das nicht schon unangenehm genug gewesen, wurden Willibald und Burchard jetzt auch noch seekrank.

3. *Kanalüberquerungen mit kleinen Segelschiffen waren im Mittelalter immer ein „Trip ins Ungewisse".*
4. *Die unberechenbare See an der Kanalküste forderte auch Bonifatius das ein oder andere Extragebet ab.*
5. *Seit Jahrhunderten weisen die Leuchttürme an der englischen Südküste den Seefahrern den Weg.*

Riskante Fahrt im Sturm

Mit sorgenvoller Miene trat Osric zu Winfried und bat ihn, sich und seine Begleiter am Schiff festzuzurren, da der Sturm ständig an Stärke zunahm. Dieser tat, wie ihm geboten, und wies seine Männer an, um Rettung beim Herrn zu bitten. Am zweiten Tag riss das Segel. Mit dem Notsegel war das Schiff kaum auf Kurs zu halten. Es wurde zum Spielball der See, immer mehr Wasser kam über Bord, die Schäden wuchsen von Stunde zu Stunde. Fugre, einer aus Osrics Mannschaft, wurde vom Segel über Bord

4

5

geschleudert und verschwand für immer in den tosenden Fluten. Mit vereinten Kräften versuchten Mönche und Mannschaft so gut sie konnten, das Wasser mit Bottichen aus dem Boot zu lenzen. Trotz aller Bemühungen standen sie bald bis zu den Knien im Wasser. Unerschütterlich mahnte Winfried, nicht aufzugeben. Und tatsächlich, am Ende des zweiten Tages kam die fränkische Küste in Sicht. Nachdem sie mit einiger Mühe die Brandung überwunden hatten, setzten sie recht unsanft auf dem Sand auf. Die Erschöpfung wich bald der Freude über die glückliche Rettung. Die Reisegefährten sammelten ihre Kräfte und brachen am nächsten Tag in Richtung Rouen auf.

Monumente der Ewigkeit

1. *Die Kathedrale von Rouen ist ein Musterbeispiel gotischer Sakralbaukunst.*

Rouen, das Tor zur Normandie

Wie keine zweite Stadt der Normandie kann Rouen auf eine lange und wechselhafte Geschichte zurückblicken.

Die viertgrößte Hafenstadt Frankreichs wurde bereits im 1. Jahrhundert als Rotomagnus von den Römern gegründet und ist seit 393 Bischofssitz. Ihre Bedeutung verdankt sie der Kreuzung von Land- und Wasserwegen. Nach der Eroberung durch die Wikinger wurde sie Hauptstadt des Normannenreiches. Wilhelm der Eroberer führte von hier aus seinen Invasionszug gegen England und Irland. Traurige Berühmtheit erlangte Rouen im Jahr 1431, als hier Johanna von Orléans hingerichtet wurde.

Die an Sehenswürdigkeiten reiche Stadt ist ein Muss für jeden Besucher der Normandie. Neben der Kathedrale aus dem 12. Jahrhundert, einem der schönsten Zeugnisse französischer Gotik, sind das Denkmal der Heiligen Johanna auf dem alten Markt und der makaber anmutende Friedhof von Saint Maclou Zeugen der Vergangenheit.
Beachtung verdient auch das Kunstmuseum, in dem Werke von Rubens, Monet und Velasquez gehütet werden.

3

Compiègne, Sommerresidenz der französischen Könige

Die Industriestadt an der Oise war drei Jahrhunderte lang Sommerresidenz der französischen Könige. Das Schloss mit seinen historischen Räumen ist ebenso ein Anziehungspunkt wie das Rathaus von 1303. Die Stadt erlebte im Mittelalter eine Hochblüte. Zeugen sind die Abtei Saint Corneille (9. Jh.) und die Kirchen von Saint Pierre de Minimes (12. Jh.), Saint Jacques (13. Jh.) und Saint Antoine (13. Jh.).
Im Wald nahe der Stadt befindet sich eine Gedenkstätte der neueren Geschichte: Hier wurden 1918 und 1940 Waffenstillstandsabkommen zwischen Deutschen und Franzosen unterzeichnet.

4

2. Pralles Leben und ungezwungene Menschen in der malerischen Altstadt von Rouen.
3. Gefeiert, verbrannt, verehrt – Jeanne d'Arc, die Jungfrau von Orléans, fand in Rouen den Tod.
4. Eine klassizistische Formensprache verleiht dem Schloss von Compiègne seinen besonderen Charme.

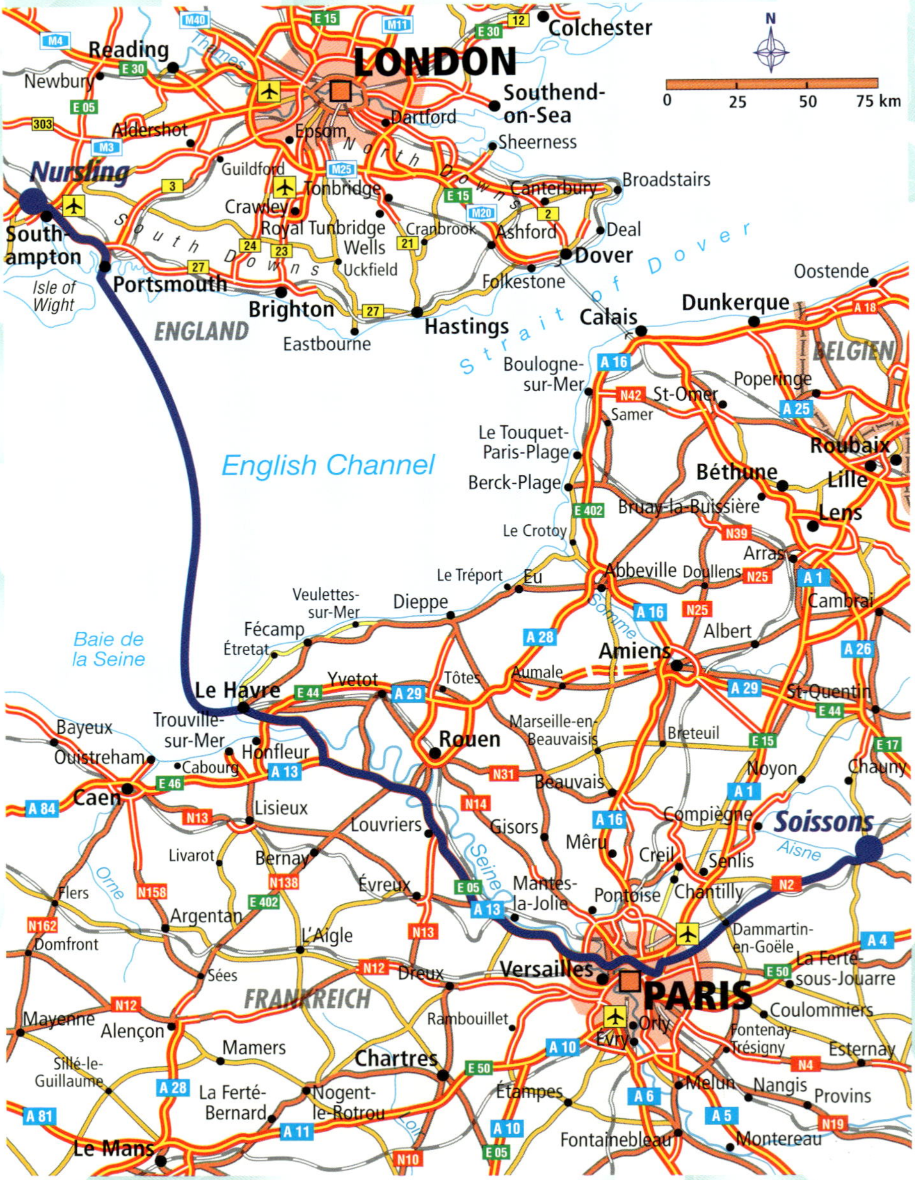
LONDON
Colchester
Reading
Newbury
Southend-on-Sea
Dartford
Epsom
Aldershot
Sheerness
Guildford
North Downs
Nursling
Tonbridge
Canterbury
Broadstairs
Crawley
Royal Tunbridge Wells
Cranbrook
Ashford
Deal
South-ampton
South Downs
Dover
Portsmouth
Uckfield
Folkestone
Isle of Wight
Brighton
Hastings
Strait of Dover
Oostende
ENGLAND
Eastbourne
Calais
Dunkerque
BELGIEN
Boulogne-sur-Mer
St-Omer
Poperinge
Samer
Le Touquet-Paris-Plage
Roubaix
English Channel
Béthune
Lille
Berck-Plage
Bruay-la-Buissière
Lens
Le Crotoy
Arras
Le Tréport
Eu
Abbeville
Doullens
Cambrai
Veulettes-sur-Mer
Dieppe
Somme
Albert
Baie de la Seine
Fécamp
Étretat
Amiens
Aumale
Tôtes
Le Havre
Yvetot
St-Quentin
Bayeux
Trouville-sur-Mer
Marseille-en-Beauvaisis
Breteuil
Rouen
Ouistreham
Honfleur
Cabourg
Noyon
Chauny
Beauvais
Caen
Lisieux
Compiègne
Soissons
Louvriers
Gisors
Aisne
Livarot
Bernay
Méru
Creil
Senlis
Seine
Orne
Flers
Évreux
Mantes-la-Jolie
Pontoise
Chantilly
Argentan
L'Aigle
Dammartin-en-Goële
Domfront
Versailles
La Ferté-sous-Jouarre
Sées
Dreux
FRANKREICH
PARIS
Coulommiers
Mayenne
Alençon
Rambouillet
Orly
Évry
Fontenay-Trésigny
Mamers
Chartres
Esternay
Sillé-le-Guillaume
La Ferté-Bernard
Nogent-le-Rotrou
Étampes
Melun
Nangis
Provins
Le Mans
Fontainebleau
Montereau
Loir
0
25
50
75 km
N

Die alte Hafenstadt Le Havre an der Mündung der Seine ist seit Menschengedenken Ausgangspunkt unzähliger Seereisen und lang ersehnter Heimathafen für rückkehrende Schiffe. Ihre exponierte Lage hat die Stadt reich gemacht, und noch heute ist Le Havre ein wichtiger Umschlagplatz für Waren aus aller Welt.

Nicht weit vor den Toren von Paris gelegen ist das Schloss von Versailles zum Inbegriff barocker Herrschaftsarchitektur geworden. Hier gaben sich Kaiser und Könige die Hand und erstarrten ehrfurchtsvoll vor der Machtentfaltung und dem Glanz der französischen Könige.

Bereits in der römischen Antike war Lutetia ein pulsierendes Zentrum und einer der Hauptorte Galliens. Heute ist Paris ein kultureller und politischer Mittelpunkt des vereinten Europa – eine moderne Metropole, die in vielen Bereichen richtungsweisende Akzente für den Rest der Welt setzt und deren Bewohner rund um den Globus um ihre Lebensart beneidet werden.

1

Metropole von Gallia Belgica

Die Stadt Soissons liegt umgeben von bewaldeten Hügeln auf dem linken Ufer der Aisne im gleichnamigen Département etwa 100 Kilometer nördlich von Paris.
Soissons ist eine der ältesten Städte Frankreichs (lag doch an gleicher Stelle schon die Stadt Suessiona) und nach Reims die zweite Metropole von Gallia Belgica. Bereits zur Römerzeit eine befestigte Anlage und Kreuzungspunkt mehrerer Heerstraßen, erlebte sie eine äußerst wechselvolle Geschichte.
Ihre Blütezeit hatte Soissons im Mittelalter, als mehrere große Klöster, allen voran die Abtei St. Médard, das Leben bestimmten. Seit 297 ist sie Bischofssitz. 491 wurde sie unter Clovis zur ersten Hauptstadt des Frankenreichs.
Aus dieser Zeit stammt auch die Legende von der Vase von Soissons, deren Darstellung noch heute überall in der Stadt gegenwärtig ist.

Das Ende der Merowinger und der Beginn einer neuen Zeit

St-Médard, im Jahr 560 gegründet, wurde zum Schauplatz eines sehr wichtigen historischen Ereignisses in der Geschichte Europas: der Krönung Pippins zum fränkischen König.
751 wurde hier mit ausdrücklicher Zustimmung von Papst Zacharias durch die Reichsversammlung das Ende der Merowinger besiegelt. Damit war der

Der Norden Frankreichs in Reinkultur

1. *Tradition und Moderne verschmelzen in Soissons zu einem faszinierenden Gesamtensemble.*
2. *Zur Ehre des höchsten Herrn – das imposante Hauptschiff der gotischen Kathedrale Saint Gervais.*
3. *Belebte Stadt mit Flair – Soissons ist bei Bewohnern und Besuchern gleichemaßen beliebt.*

Park mit Stadtlandschaft

1. *Die Kathedrale von Soissons mit ihren beiden ungleichen Westtürmen.*
2. *Die Gärten und Parks von Soissons machen urbanes Leben und Arbeiten zu einem Genuss für alle Sinne.*

1

2

Weg bereitet für das erste vereinigte Europa unter den Karolingern. Bonifatius nahm als Bevollmächtigter des Papstes die Krönung Pippins selbst vor.

Steinerne Zeugen der Geschichte

In der Vielzahl historischer Bauwerke, wie der Kathedrale St-Gervais-St-Protas, einem beispielhaften Zeugnis gotischer Architektur in der Picardie mit einem wundervollen südlichen Querhaus – die Anfänge reichen in das 12. Jahrhundert –, der Ruine der Abtei St-Jean de Vignes, dem großartigsten Denkmal in Soissons, und in vielen weiteren architektonischen Kleinodien spiegelt sich der Reichtum der Stadt deutlich wider.
Dieser wird auch sichtbar an den Bürgerhäusern aus dem 17. und 18. Jahrhundert an der Grand-Place, die aus typischem weißen Kalkstein erbaut wurden und als „Monument Historique“ geschützt sind.
Neben vielen bedeutenden Persönlichkeiten des geistlichen Lebens hat die Stadt auch einige weltliche Berühmtheiten hervorgebracht. Die schillerndste unter ihnen ist wahrscheinlich Olympia Mancini, die Frau des Grafen von Soissons, Eugène Maurice von Savoyen, eine Nichte von Kardinal Mazarin und Mutter des Prinzen Eugen von Savoyen, der man nachsagt, sie habe außer anderen auch ihren Ehemann ermordet.

„Savoir vivre“ in der Picardie

Zahlreiche Parks und Gärten mit ihrer Blütenpracht prägen das Gesicht der Stadt und laden den Besucher zum Verweilen ein. Beschaulichkeit und Muße nur 100 Kilometer von der quirligen Metropole Paris entfernt sind die Stärken von Soissons, das auch mit einem attraktiven Angebot an Kunst, Kultur, Einkaufsmöglichkeiten, Hotellerie

3

4

und Restaurants aufwartet. Empfehlenswert sind regionale Spezialitäten wie „Les Haricots de Soissons", „Le Suessons" und „Soissoulet", deren Genuss man sich nicht entgehen lassen sollte.

Die reizvolle Umgebung der Stadt kann dank der guten Verkehrsanbindungen in Tagesausflügen leicht erkundet werden. Lohnende Ziele sind Laon, Compiègne, Reims oder die Wälder von Villers-Cotterets.

3. In Soissons verbinden sich Relikte aus alter Zeit mit den Vorzügen einer modernen Stadtlandschaft – wie hier im Park Saint Crépin.
4. Da schaut man gerne hin – und greift noch lieber zu …
5. Das Zentrum von Soissons ist geprägt von einer Vielzahl architektonischer Kostbarkeiten.

5

Auf dem Weg in die Ardennen

Von Soissons führt der Weg in Richtung Nordosten, nach Estinnes. Auf Nebenstraßen geht es durch Gemüseplantagen und ausgedehnte Kornfelder zur ersten Station, nach Laon.

1

Letzte Zuflucht der Karolinger

Die Geschichte Laons reicht bis in die gallo-römische Zeit etwa 30 v. Chr. zurück. Die Siedlung war seitdem ständig bewohnt und wurde bereits im 6. Jahrhundert Bischofssitz. Ihre Blütezeit erlebte sie im hohen Mittelalter, als sie zur Zuflucht der letzten Karolinger wurde, die die Stadt zu einer Festung ausbauten. Aus dieser Zeit stammt auch ihr weithin sichtbares Wahrzeichen, die 1150 erbaute gotische Kathedrale. Im 13. Jahrhundert hatte die Stadt bereits mehr als 10.000 Einwohner und war ein Zentrum von Bildung und Kunsthandwerk. Noch heute sind zahlreiche Schriften aus den Klosterschulen erhalten, anhand derer man den damaligen Reichtum und die Bedeutung Laons erkennen kann.
Der mittelalterliche Stadtkern blieb lange Zeit unverändert; erst in der Renaissance begann die Erweiterung mit Gebäuden wie der Abtei St-Martin aus dem 17. Jahrhundert. Heute ist Laon Universitätsstadt und Wirtschaftsstandort. Mit ihrem mittelalterlichen Erbe geht sie sehr bewusst und verantwortungsvoll um.

Eine Landschaft zum Verlieben

1. *Alte Kulturlandschaften sind die Markenzeichen der Region.*
2. *Die genialen Erbauer der Kathedrale von Laon haben an den verschiedensten Punkten der Fassade lebensechte Tierfiguren integriert.*

2

Die Legende von der Biene

Weiter geht es in Richtung Norden nach Avesnes-sur-Helpe. Die Stadt, von der schon van Gogh sagte, sie sei ebenso malerisch wie das alte Venedig, lehnt sich an einen Felsen.

Mit ihren weitgehend erhaltenen Befestigungsanlagen aus dem 16. bis 18. Jahrhundert und der darin eingebetteten Altstadt übt Avesnes einen besonderen Reiz auf den Besucher aus. Berühmt ist auch ihr Glockenturm, der 48 Glocken beherbergt.
Die Existenz der neun Bienen und des Bienenkorbs im Stadtwappen geht auf eine Legende aus dem Jahr 1498 zurück, als die fleißigen Honigsammler die Stadt von den niederländischen Besatzungstruppen befreit haben sollen.
Avesnes ist auch ein Ort der Gaumenfreuden. In den zahlreichen Restaurants werden einheimische Spezialitäten wie Marvilles, Dauphin, Boulette oder Cœur d'Avesnes serviert.

3

4

Die Ardennen

Nach Avesnes wird die Landschaft immer hügeliger, der Landbau weicht langsam der Viehzucht. Schon nach weiteren 20 Kilometern erreicht man das an der Sambre gelegene Maubeuge.
Zwar ist Maubeuge heute eine Industriestadt (Metall und Auto), dennoch ist der alte Bereich mit den ihn umgebenden Befestigungsanlagen weitgehend erhalten geblieben. Die Stadt wurde im 7. Jahrhundert um ein Frauenkloster herum gegründet und im Verlauf kriegerischer Auseinandersetzungen mehrfach erheblich in Mitleidenschaft gezogen, zuletzt beim Angriff der deutschen Wehrmacht 1940.
Neben den historischen Sehenswürdigkeiten ist auch die Natur um Maubeuge ein Erlebnis. Wer will, der kann sie auf Wegen rund um die Stadt erkunden oder bei einer Bootsfahrt auf der Sambre gemächlich an sich vorbeiziehen lassen.
Wenige Kilometer hinter Maubeuge betreten wir belgischen Boden und haben das nächste Etappenziel in Estinnes-au-Mont beinahe schon erreicht.

3. *Deftige Gerichte in üppigen Mengen – in dieser Gegend kommen Gourmets voll auf ihre Kosten.*
4. *Maubeuge ist aufgrund seiner Lage ein beliebter Standort für viele namhafte Industrieunternehmen.*

Carvin
Harnes
Hénin-Beaumont
Flines-les-Raches
Auby
Douai
Sin-le-Noble
Vitry-en-Artois
St-Amand-les-Eaux
Somain
Wallers
Raismes
Denain
Bouchain
Aubigny-au-Bac
Douchy-les-Mines
Iwuy
Condé-s.-l'E.
Fresnes-s.-l'E.
Bruay-s.-l'E.
Valenciennes
Quiévrain
Jenlain
Baudour
Mons
Boussu
Colfontaine
Dour
Estinnes
Binche
La Ouvrière
Anderlues
Vellereille-les-Brayeux
Thuin
Erquellines
Jeumont
Feignies
Bavay
Maubeuge
Hautmont
Louvroil
Beaumont
BELGIEN
Solre-le-Château
Rance
Le Quesnoy
Aulnoye-Aymeries
Englefontaine
Solesmes
Cambrai
Vaulx-Vraucourt
Caudry
Le-Cateau-Cambrésis
Maroilles
Avesnes-sur-Helpe
Trélon
Chimay
Le Transloy
Fins
Prémont
Bohain-en-Vermandois
Chapeau-Rouge
Fourmies
La Capelle
Buironfosse
Hirson
Bellicourt
Fresnoy-le-Grand
Peronne
Villers-Carbonnel
Vermand
Guise
FRANKREICH
Oise
Vermandois
Thiérache
St-Quentin
Matigny
Roupy
Ribemont
La-Hérie-la-Viéville
Vervins
Brunehamel
Nesle
Ham
Marle
Rozoy-sur-Serre
Montcornet
Hurtaut
Vendeuil
Crécy-sur-Serre
Laonnais
Tergnier
Guiscard
Chauny
Bucy-lès-Pierrepont
Duzy-le-Gros
Seraincourt
Noyon
Crépy
St-Gobain
Laon
Nizy-le-Comte
Lassigny
Coucy-le-Château-Auf.
Blerancourt
Canal de l'Oise
Urcel
Ardon
Corbeny
Neufchâtel-sur-Aisne
La Motte
Compiègne
Soissons
Aisne
Bourg-et Comin
Bourgogne
Canal de l'Aisne
Braine
Belleu
Jonchery-sur-Vesle
Mont-Notre-Dame
Fismes
REIMS
Hartennes
Scarpe
Sambre
Canal du Nord
Canal de St-Quentin
Canal de l'Oise à l'Aisne
Canal de la Somme
N
0
10
20
30 km

Die Stadt Compiègne präsentiert sich ihren Besuchern als liebenswerter und lebenswerter Ort mit einer Vielzahl malerischer Winkel und architektonischer Kostbarkeiten. Besonders hervorzuheben ist in diesem Zusammenhang das eindrucksvolle Rathaus aus der Spätrenaissance.

Die alles überragende gotische Kathedrale von Laon ist ein Musterbeispiel mittelalterlicher Baukunst und neben ihrer Funktion als Gotteshaus ein steinernes Denkmal zu Ehren ihrer Erbauer.

St-Quentin erlangte im Ersten Weltkrieg traurige Bekanntheit und wurde in dieser unglückseligen Zeit stark zerstört. Heute ist das Städtchen ein beschaulicher Ort mit vielen offenen Plätzen und versteckten Winkeln, den es zu besuchen lohnt.

Avesnes und Maubeuge sind bis weit über die Region hinaus für eine Vielzahl köstlicher Käsespezialitäten und kulinarischer Köstlichkeiten berühmt. Gourmets aus aller Welt schätzen vor allem den regionalen Charme und die Ursprünglichkeit.

1

Die Reichssynode von 743

2

Inmitten des Hennegau, einer jahrtausendealten Kulturlandschaft, liegt das Städtchen Estinnes. Schon in der Römerzeit war die Region Gallia Belgica vergleichsweise dicht besiedelt. Fruchtbare Böden sorgten für ertragreiche Ernten. Unter Leitung von Bonifatius fand hier im Jahre 743 eine der bis dahin wichtigsten Reichssynoden statt. Der Vertreter des Papstes hatte dabei keine leichte Aufgabe. Er musste die Reform der fränkischen Kirche im Sinne einer Vereinheitlichung vorantreiben und die neu entstehende Königsherrschaft der Karolinger sichern. Die in Estinnes erreichte Übereinkunft war dank des diplomatischen Geschicks des Legaten ein überwältigender Erfolg. Im Sinne der Kirche wurde das Zusammenleben mit dem Staat optimal geregelt. Sie erhielt ein Höchstmaß an politischem Einfluss bei gleichzeitiger finanzieller Absicherung. Jegliche Form des noch verbreiteten heidnischen Volksglaubens wurde untersagt und teilweise sogar unter Strafe gestellt. Festgelegt wurden die Rechte und Pflichten kirchlicher Amtsträger, die nun der römischen Kirche zu Gehorsam verpflichtet waren.

3

Teile der in Estinnes gefassten Beschlüsse sind bis heute gültig. Die von Bonifatius formulierte Entsagungsformel ist im Taufgelöbnis enthalten.

Neue Wege des Glaubens

1. *Sakrale und weltliche Facetten prägen das uralte Stadtbild von Estinnes.*
2. *Prächtige Mosaiken schmücken den Innenraum der Basilika von Estinnes.*
3. *Malerische Hecken und Feldraine sind typisch für die Landschaft rund um Avesnes.*

Historische Spuren in der „grünen Provinz"

Wo genau die überaus wichtige Synode stattfand, lässt sich heute nicht mehr mit Sicherheit sagen, da kein Gebäude aus dem 8. Jahrhundert mehr vorhanden ist. Wahrschein-

1

2

lich war es der Palast Pippins, an dessen Stelle sich heute ein größeres landwirtschaftliches Anwesen befindet. Sehenswerte Baudenkmäler gibt es dennoch in großer Zahl. Die Kapelle Notre Dame de Cambron in Estinnes-au-Mont lohnt ebenso einen Besuch wie die Kirche St-Martin in Estinnes-au-Val mit ihrer Krypta aus dem 10. Jahrhundert, die von den Mönchen der Benediktinerabtei aus Lobbes errichtet wurde. In Estinnes-au-Val existieren die ältesten Zeugen der frühen Besiedlung der Region in Form der jahrtausendealten frühsteinzeitlichen Megalithen.

Entdeckungsreise in die Umgebung

1. *Estinnes ist umgeben von einer alten Kulturlandschaft, deren Reiz sich niemand entziehen kann.*
2. *Idyllisch gelegene Châteaus laden zu einer Stippvisite ein.*

Die Abtei „Bonne Espérance"

In Vellereille-les-Brayeux, nur sechs Kilometer östlich von Estinnes entfernt, erhebt sich die Abtei „Bonne Espérance". Das im Jahr 1126 von den Prämonstratensern gegründete Kloster ist gut erhalten und gibt einen Einblick

3

in verschiedene Epochen der Baukunst. Ihr Turm, ältester Teil der Anlage, wurde im 13. Jahrhundert errichtet. Das Kloster samt Kapitelsaal stammt aus dem 16., das Refektorium und die Kirche aus dem 18. Jahrhundert.
Wer Estinnes genauer kennen lernen möchte, der tut dies am besten zu Fuß. Auf zwei detailliert beschriebenen Wegen kann man die meisten Sehenswürdigkeiten und die malerische Landschaft erwandern. Ausgangspunkt ist jeweils das Presbyterium in Estinnes-au-Mont, in dem sich das Heimatmuseum befindet. Nach dem Ausflug entspannt man sich in einem Gasthaus bei einer der örtlichen Bierspezialitäten wie „La Cervoise", „Vielle de Estinnes", „Bonne Espérance" oder „Blonde du Menhir".
Ländliche Idylle und Beschaulichkeit sind die Stärken von Estinnes. Von hier aus ist es nur ein kurzer Weg in die Provinzhauptstadt Mons oder in das ebenfalls nahe gelegene Charleroi.

3. Das Rathaus von Estinnes, umrahmt von einem Spiel aus Licht und Wasser.
4. Lichte Wälder und bezaubernde Blumenlandschaften prägen den Charakter der Wallonie.
5. Auch die Industriekultur hat in der Wallonie ihren festen Platz.

4

5

Hügelreiche flämische Ardennen

1

Unsere Radfahrer haben wiederum die großen Städte gemieden und sind von Estinnes aus gen Norden nach Enghien, niederländisch Edingen, gefahren – und von hier aus immer nordwestlich zunächst nach Geraardsbergen, französisch Grammont. Diese hübsche Kleinstadt an der Dender liegt in den hügelreichen flämischen Ardennen und ist unter den Radfahrern gefürchtet wegen seiner „Mauer von Geraardsberg“, der steilsten Steinpassage auf der Flandern-Rundfahrt. Weiter geht es – bergauf und bergab – nördlich von Gavere über die Schelde und später ein Stück an der Leie entlang zum berühmten Malerstädtchen St.-Martens-Latem. Dann über Aalter und später fast nur noch entlang dem Kanal, bis nach Brügge.

Hochburg des Karnevals

Die Autobahn-Alternative führt im belgischen Hennegau von Estinnes aus Richtung Westen an der französischen Grenze entlang bis Tournai und dann, nach einem empfehlenswerten Abstecher ins französische Lille, hinein ins Flandrische über Kortrijk nach Brügge. Zunächst sollte ganz in der Nähe von Estinnes noch Binche besucht werden. Es ist die einzige Stadt Belgiens und der Niederlande mit einem fast komplett erhaltenen mittelalterlichen Festungswall, außerdem Karnevalshochburg mit einer Tradition, die bis ins 14. Jahrhundert zurückreicht, wofür das internationale Karnevals- und Maskenmuseum im ehemaligen Augustinerkloster Beweise liefert.

2

Die Liebfrauenkathedrale

Die nächste Stadt in Richtung Westen, die französisch Mons und flämisch Bergen heißt, ist das Kultur- und

Verkehrszentrum des Hennegau mit Universität, Akademien und Museen. Der Bischofssitz Tournai, zu beiden Seiten der Schelde, hat überregionale Bedeutung. Bereits im 5. Jahrhundert wurde Tournai Hauptstadt der fränkischen Salier und besitzt heute das wohl bedeutendste kirchliche Bauwerk des Landes, die Liebfrauenkathedrale, ein für ganz Westeuropa seltenes Beispiel romanischer (Kirchen- und Querschiff) und gotischer Architektur (Chor). Von hier aus sind es wenige Kilometer westwärts ins französische Lille, einst das Paris der Niederlande. Lille ist Kulturhauptstadt Europas 2004 und erfreut die Besucher mit vielen renovierten Fassaden und neuen, eindrucksvollen Kulturzentren.

3

Flandern sehen und erleben

1. *Radsport ist flämischer Nationalsport.*
2. *Belgische Marktplätze sind auch heute noch Treffpunkte für Einheimische und Besucher.*
3. *Romanische Sakralarchitektur von ihrer schönsten Seite: die Liebfrauenkathedrale in Tournai.*
4. *Traditionelle Feste wie hier in Tournai sind fester Bestandteil des Lebens in der Region.*

Nordwärts ins Land der Flamen

Wenige Kilometer nördlich von Lille kommen wir nach Kortrijk, einst Zentrum der Textilindustrie und heute noch immer berühmt für sein feines Tuch. Eindrucksvoll sind der Beginenhof und der große Markt mit dem Rathaus und dem weithin sichtbaren Belfried. Ganz in der Nähe: die berühmte St. Martinskirche aus dem 13. Jahrhundert mit ihrem Turm in Brabanter Gotik.

25 Kilometer nördlich von Kortrijk liegt das Städtchen Tielt. Der Belfried mit Resten der Tuchhalle, das Rathaus und andere Gebäude am großen Markt bilden ein ebenso überschaubares wie ansehnliches Ensemble. Eine gute Vorbereitung auf Brügge!

4

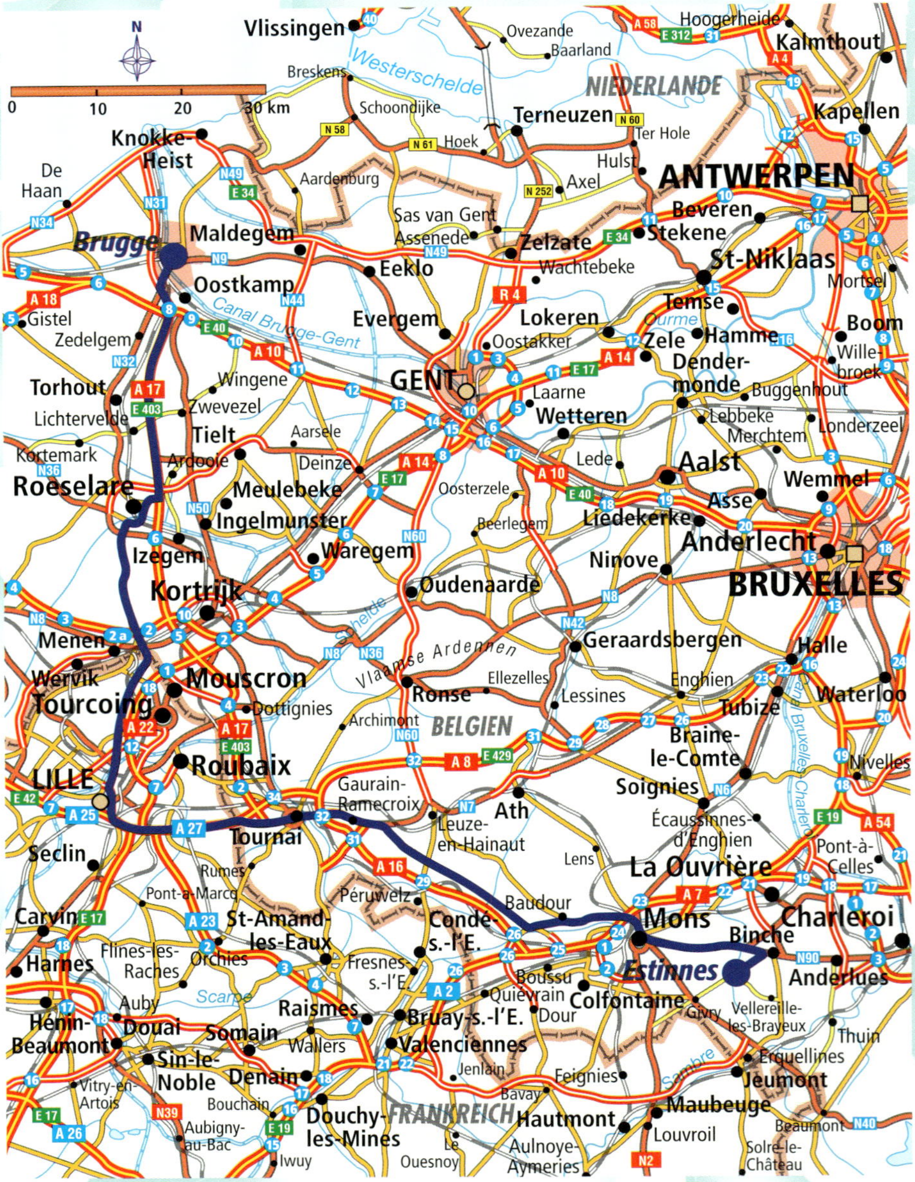
N
0 10 20 30 km
Vlissingen
Westerschelde
Breskens
Schoondijke
Ovezande
Baarland
Hoogerheide
Kalmthout
NIEDERLANDE
Terneuzen
Ter Hole
Kapellen
Hoek
Hulst
Axel
ANTWERPEN
Knokke-Heist
De Haan
Aardenburg
Sas van Gent
Assenede
Zelzate
Beveren
Stekene
St-Niklaas
Wachtebeke
Mortsel
Brugge
Maldegem
Eeklo
Oostkamp
Canal Brugge-Gent
Evergem
Lokeren
Temse
Boom
Gistel
Zedelgem
Oostakker
Zele
Hamme
Willebroek
Wingene
GENT
Dendermonde
Buggenhout
Torhout
Zwevezel
Laarne
Wetteren
Lichtervelde
Tielt
Aarsele
Lebbeke
Merchtem
Londerzeel
Kortemark
Ardooie
Deinze
Lede
Aalst
Wemmel
Roeselare
Meulebeke
Oosterzele
Asse
Ingelmunster
Beerlegem
Liedekerke
Anderlecht
Izegem
Waregem
Ninove
BRUXELLES
Kortrijk
Oudenaarde
Menen
Wervik
Scheldt
Vlaamse Ardennen
Geraardsbergen
Halle
Mouscron
Ronse
Ellezelles
Lessines
Enghien
Waterloo
Tourcoing
Dottignies
Archimont
BELGIEN
Tubize
Braine-le-Comte
Nivelles
Roubaix
LILLE
Gaurain-Ramecroix
Ath
Soignies
Leuze-en-Hainaut
Écaussinnes-d'Enghien
Tournai
Seclin
Rumes
Lens
La Ouvrière
Pont-à-Celles
Pont-à-Marcq
Péruwelz
Baudour
Carvin
St-Amand-les-Eaux
Condé-s.-l'E.
Mons
Charleroi
Binche
Harnes
Flines-les-Raches
Orchies
Fresnes-s.-l'E.
Boussu
Estinnes
Anderlues
Scarpe
Auby
Quiévrain
Colfontaine
Dour
Givry
Vellereille-les-Brayeux
Raismes
Hénin-Beaumont
Douai
Somain
Bruay-s.-l'E.
Thuin
Wallers
Valenciennes
Erquelinnes
Sin-le-Noble
Jenlain
Feignies
Sambre
Jeumont
Vitry-en-Artois
Denain
Bavay
Maubeuge
Bouchain
Douchy-les-Mines
FRANKREICH
Hautmont
Louvroil
Beaumont
Aubigny-au-Bac
Le Quesnoy
Aulnoye-Aymeries
Solre-le-Château
Iwuy

Die kleine Stadt Mons – hier mit ihrem Wahrzeichen, der St. Elisabethkirche – wurde mit der Legende des „Engels von Mons“ aus dem Ersten Weltkrieg in vielen Ländern der Erde berühmt.

In Tournai haben seit alters her Traditionen ihren festen Platz. So treffen sich die Menschen aus Tournai und Umgebung einmal jährlich zum „Tag der vier Umzüge“, um gemeinsam zu feiern.

In kaum einer anderen nordfranzösischen Stadt lässt sich der Wandel vom düsteren Industrierevier zum modernen Kulturzentrum besser nachvollziehen als in Lille.

Das Manneken Pis gehört zu Belgien wie Bier, Pommes Frites und Schokolade.

1

Eine Stadt wie aus dem Bilderbuch

Brügge gehört zu den attraktivsten Städten Europas und gilt als die schönste Stadt Belgiens. Brügge eröffnet dem Besucher Einblick in die Atmosphäre eines mittelalterlichen Handelsplatzes von Weltgeltung. Kleine Gassen, großartige Kirchen, fantastische Museen, prächtig restaurierte Fassaden oder wunderschön erhaltene Patrizierhäuser an den „Reien", den Kanälen der Stadt, bilden ein einmaliges Ensemble.
Kein Wunder, dass die UNESCO dieses Ambiente bewahren will. Brügge ist eine Stadt wie aus dem Bilderbuch, ein gotisches Kleinod, das zu Recht den stolzen Titel trägt: „Kulturhauptstadt Europas".
Brügge in Zahlen: Die etwa 115.000 Einwohner empfangen jährlich rund eine Million Besucher, die sich ungefähr 2.000 Baudenkmäler anschauen können, darunter 12 einmalige Kirchen, mehr als 15 Gebäude von hohem historischen Wert und ein gutes Dutzend Museen. Dies alles in einem überschaubaren ovalen Areal, dem alten Stadtkern.

2

3

4

Großer Markt und Burgplatz

Im Jahr 1654 bemerkt Merian, dass Brügge „unter die vornehmbste Stätt in der Welt billich zu zehlen" sei. Von dieser Bedeutung als einstiger Weltstadt zeugen nicht zuletzt der große Markt und der Burgplatz.
Beginnen wir unseren Rundgang auf dem Marktplatz: Bereits im 13. Jahrhundert bauten die Bürger gedeckte Märkte, also Hallen und Glockentürme. So entstanden in Brügge die so genannte „Lakenhalle" und darüber der prächtige Belfried.

Brügge sehen und erleben

1. *Prächtige Fassaden schmücken die Häuser am Marktplatz.*
2. *Auch für Brügge gilt: Hier werden die Feste gefeiert, wie sie fallen.*
3. *Brügger Spitze gehört zu den ältesten Markenprodukten der Welt.*
4. *In der Lakenhalle trafen sich Kaufleute und Händler aus aller Herren Länder.*

Vom Markt aus sind es nur ein paar Schritte zum Burgplatz. Hier können wir 9 Jahrhunderte Baukunst bewundern, zum Beispiel die filigrane Fassade des spätgotischen Rathauses. Vor allem aber die ebenso verwitterte wie verzierte Fassade der Heiligblut-Basilika, in der sich die aus dem 12. Jahrhundert stammende Blutreliquie in einem byzantinischen Kristallflakon befindet – Mittelpunkt der Brügger Himmelfahrtsprozession.

1. Urbane Flusslandschaft mitten im Leben – mitten in Brügge.

Notre Dame von Brügge

Während der burgundischen Zeit, in der Brügge zu einer einmaligen Blüte gelangte, erwirbt ein Tuchhändler für die Liebfrauenkirche, die Notre Dame von Brügge, ein einmaliges Kunstwerk: die Madonna mit Kind von Michelangelo. Sie ist noch heute dort zu bewundern.
Auch Bonifatius hat in dieser Notre Dame von Brügge Spuren hinterlassen. Zu bestaunen ist ein silberner Bonifatius-Schrein, in dem Reliquien aufbewahrt werden und auf dem das Leben

3

des heiligen Bonifatius auf plastische Weise dargestellt wird. Die enge Verbindung von Bonifatius zu Brügge wird außerdem belegt durch seine steinerne Büste an einem Torbogen, der von der Liebfrauenkirche zu einer Brücke Durchgang gewährt, die ebenfalls seinen Namen trägt: Bonifatiusbrücke. Dass aber die Stadt Brügge ihren Namen von dieser Brücke hat, darf bezweifelt werden. Es waren wohl eher die Normannen, die im 9. Jahrhundert diese Siedlungsstätte als Ort zum Anlegen und Landen bezeichnet haben – mit ihrem Wort „bryggia".

2. Michelangelos „Madonna mit Kind" ist einer der herausragenden Kunstschätze in den Brügger Museen.
3. Die Altstadt von Brügge wird von Giebelhäusern aus der Renaissance geprägt.
4. Urbanes Zentrum und architektonischer Leckerbissen zugleich – der alte Marktplatz von Brügge.
5. Eine Vielzahl von Brücken und Kanälen machen die Stadt zu einem „belgischen Venedig".

5

4

Flämische Marsch

Wer mit dem Auto reist, der sollte zumindest einige der wichtigsten Städte besuchen, die in diesem Raum liegen. Wer aber mit dem Rad unterwegs ist, der folgt vielleicht der Route, die unsere Bonifatiusweg-Pioniere genommen haben: von Brügge kommend durch die flämische Marsch vorbei an Lissewege, dem malerischen Dorf mit der wuchtigen gotischen Marienkirche – ein Musterbau der so genannten Scheldegotik –, zum Badeort Knokke-Heist. Das größte Seebad Belgiens bietet alles, was das Urlauberherz begehrt und was sich Wassersportler wünschen.

1

Nordsee, Wattenmeer und Kanäle

Die Strecke führt jetzt an der Küste entlang in die Niederlande hinein zum Badeort Cadzand und nach Breskens, von dort mit der Fähre in die Hafenstadt Vlissingen und nach Middelburg, einer historischen Stadt mit einer großen Abtei.
In Richtung Nordost erreicht man den schönen Badeort Hellevoetsluis in unmittelbarer Nähe von Rotterdam. Unsere Radler weichen hier von ihrer Küstenroute ab, um dem starken Nordseewind zu entgehen.

Lust auf Meer

1. *Die bezaubernde Landschaft der flämischen Marsch lässt sich gut vom Wasser aus entdecken.*
2. *Die eigentümliche Schönheit des Wattenmeeres hat die Menschen schon immer verzaubert.*

2

Einen malerischen Radweg entlang geht es weiter nach Barendrecht, dann in Richtung Ridderkerk, im Nachbarort mit der Autofähre auf die andere Seite des Flusses Lek und schließlich nördlich des Flusses bis zur Stadt Ijsselstein. Von hier sind es nur noch 12 km bis Utrecht.

Die zwei Abteien des Amandus

Doch nun zu den Zentren von Kunst und Kultur zwischen Brügge und Utrecht. Beginnen wir mit Gent, das nur eine halbe Stunde von Brügge entfernt liegt, einst rivalisierende Schwesterstadt, später nach dem Niedergang Brügges der ganze Stolz von Flandern und heute noch sehr lebendig. Im 7. Jahrhundert kam Amandus von Aquitanien in die Region, um die Einwohner zum Christentum zu bekehren. Er gründete zwei Abteien, darunter die St. Bavo-Abtei um 640. Man kann davon ausgehen, dass auch Bonifatius hier gewesen ist.

St. Bavo ist das Stichwort für das wohl berühmteste Kunstwerk von Gent, den Genter Altar in der St. Bavo-Kathedrale: das Lamm Gottes, das Altarbild der Gebrüder Jan und Hubert van Eyck, die erste Ölmalerei auf Holz aus dem Jahre 1432.

Gent hat heute nahezu doppelt so viele Einwohner wie Brügge, Antwerpen etwa doppelt so viele wie Gent: 450.000. Antwerpen besitzt den zweitgrößten Hafen Europas und ist der kulturelle Mittelpunkt der Flamen mit Theatern, Museen, Universität. Der katholische Bischofssitz ist Flandern auf seine kosmopolitische Art.

Rotterdam, mit dem größten Hafen der Welt, ist magische Metropole mit Universität und vielen Akademien, aber vor allem Wirtschaftszentrum mit großer Bedeutung für den Weltmarkt. Beispiel: Erdöl/Rohöl. Die Altstadt wurde 1940 zerstört und teilweise wieder aufgebaut. Rotterdam ist wohl unter allen Kommunen von Brügge bis Utrecht die weltlichste Stadt, eine Weltstadt.

3. *Gent ist berühmt für seine vielen gastronomischen Angebote und gemütliche Kneipen und Restaurants.*
4. *Der alte Hafen von Gent begeistert nicht nur passionierte Seefahrer.*

N
0
15
30 km
Noordzee
Heemstede
Amstelveen
Laren
Noordwijkerhout
Hoofd-
dorp
Hilversum
Sassenheim
Mijdrecht
LEIDEN
Alphen
a. d. Rijn
Utrecht
Wassenaar
'S-GRAVENHAGE
DEN HAAG
ZOETERMEER
Nieu-
wegein
Houten
Delft
Gouda
's-Gravenzande
Naald-
wijk
Pijnacker
Schoon-
hoven
IJssel-
stein
Hoek van Holland
Europoort
Capelle
a/d IJ.
Lek
Maassluis
Leerdam
ROTTERDAM
Ablasserdam
Hellevoetsluis
Spijkenisse
Barendrecht
Sliedrecht
DORDRECHT
Haringvliet
NIEDERLANDE
Aalburg
Middelharnis
Geertruiden-
berg
Bergse Maas
Vlijmen
Overflakkee
Made
Schouwen
Zeven-
bergen
Waalwijk
Zierikzee
Breda
Oosterschelde
Steenbergen
Oud
Gastel
Tilburg
Noord-
Beveland
Roosendaal
Etten-
Leur
Goirle
Bergen
op Zoom
Zundert
Middelburg
Ziud-
Goes
Essen
Hilvarenbeek
Vlissingen
Beveland
Hoogerheide
Wuustwezel
Hoogstraaten
Baarland
Westerschelde
Breskens
Kalmthout
Aren-
donk
Knokke-
Heist
Schoondijke
Beerse
Turnhout
Kapellen
Terneuzen
West-
malle
Aardenburg
Hoek
Ter Hole
ANTWERPEN
Retie
Grobben-
donk
Brugge
Malde-
gem
Sas van Gent
Stekene
Mol
Herentals
Zelzate
Beveren
Mortsel
Nijlen
Oostkamp
Eeklo
St-Niklaas
Temse
Heist-op-
den-Berg
Westerlo
Canal Brugge-Gent
Evergem
Lokeren
Hamme
Boom
Lier
Wingene
GENT
Zele
Mechelen
Herselt
Scherpen-
heuvel
Laarne
Dender-
monde
BELGIEN
Aarschot
Tielt
Wetteren
Merchtem
Roese-
lare
Deinze
Aalst
Wespelaar
Meulebeke
Asse
Wemmel
Leuven
Liedekerke
Izegem
Waregem
Anderlecht
Tervuren
Tienen
Ninove
Kortrijk
Oudenaarde
BRUXELLES
Overijse
Schelde
Vlaamse Ardennen
Geraardsbergen
Halle
Wavre
Hoegaarden

Die alte Hafen- und Handelsstadt Antwerpen ist bekannt für ihre malerische Altstadt, die Universität und den bedeutenden Hafen. Für alle Freunde edler Steine ist Antwerpen der weltweite Mittelpunkt des Diamantenhandels.

Rotterdam verdankt seine Rolle als größter Seehafen der Welt dem Umstand, dass es direkt an der Mündung des Rheins, oder Waals, wie ihn die Niederländer nennen, in die Nordsee liegt. Als europäisches Tor zur Welt ist es eines der wichtigsten Wirtschaftszentren auf dem Kontinent.

1

Kanäle und Speicherhäuser

Südöstlich und nordöstlich der Weltstädte Amsterdam und Rotterdam gelegen, bildet Utrecht mit beiden ein Dreieck, jeweils mit Abständen von weniger als einer Stunde Autofahrt. Utrecht im Binnenland ist wesentlich kleiner, wohl aber gediegener als die großen Hafenstädte.

Das Stadtbild von Utrecht prägen die Kanäle und Speicherhäuser mit ihren unteren Kelleretagen und den vielen wassernahen Zugängen zum Beladen und zum Löschen der Fracht. In der Utrechter Innenstadt gibt es zahlreiche einladende Plätze dieser Art.

Utrecht zählt derzeit rund 250.000 Einwohner und ist ein Handelszentrum mit diversen Messen und großer Bedeutung für Branchen wie Eisen, Stahl und Metall. Utrecht ist auch ein großes Bildungs- und Kulturzentrum mit einem lebendigen Museumsviertel und der größten Universität des Landes. Und nicht zuletzt ist die Domstadt Utrecht ein religiöses Zentrum, und das seit weit mehr als 1.000 Jahren.

Utrecht von einst

Utrecht ist Stadt, Provinz und Bistum der Niederlande. Das Bistum geht zurück bis ins 7. Jahrhundert – zu Willibrord. Er war bereits um 690 in

Stadt mit Charakter

1. *In Utrecht gehen Wasser und Land eine echte urbane Symbiose ein.*
2. *Leben und leben lassen in einer großartigen Stadtlandschaft: verwunschene Orte und romantische Winkel.*
3. *Das alte Utrecht bei Nacht – faszinierende Bilder aus Licht, Natur und Architektur.*

1

2

dieser Gegend missionarisch tätig gewesen und wurde der erste Bischof von Utrecht. Schon zu Lebzeiten des heiligen Bonifatius existierte Utrecht also als Bistum. Und was auf so viele andere Städte zutrifft, das gilt auch für Utrecht: Mit dem Glauben entwickelte sich die Stadt.

Denkmäler des frühen Glaubens

Viele Dokumente aus der Geschichte des Katholizismus in dieser Region zeigt das Katharinenmuseum, darunter auch ein Bildnis von Bonifatius und Willibrord.
Der Stadtkern von Utrecht besitzt eine erstaunliche Vielfalt an Denkmälern des frühen Glaubens. Es gibt Kirchen aus dem 11. und 12. Jahrhundert, wie

3

1. Modernes Leben in einem pulsierenden Stück der Niederlande.
2. Alte Kaufmannshäuser flankieren die unzähligen Grachten und Kanäle.
3. Ein Rundgang durch Utrecht ist immer eine Entdeckungsreise in die Geschichte.

die Janskerk, die Pieterskerk und die Nikolaikerk. Der Martinsdom mit dem frei stehenden hohen Turm stammt aus dem 13. Jahrhundert. Genau ein halbes Jahrtausend nach dem Tod des Bonifatius, im Jahr 1254, wurde ein Neubau begonnen, weil der alte romanische Dom durch ein Feuer zerstört worden war.

4

Universität seit 1636

Erst 1528 gab das Bistum Utrecht die weltliche Macht an Kaiser Karl IV. ab. Bereits rund ein Jahrhundert später, 1636, wurde in Utrecht die Universität gegründet. Das geistliche Zentrum gedieh zu einem frühen geistigen Zentrum.

Geistliches, geistiges und merkantiles Wohlergehen beeinflussten sich gegenseitig positiv. Derartige Synergien sind seit den Zeiten von Bonifatius die Ursache für die Anziehungskraft von Städten wie Utrecht.

Utrecht ist heute eine aufstrebende Stadt mit großen Wohnungsbauprojekten und der Aussicht auf eine neue Blütezeit in naher Zukunft.

4. *Die malerischen Gassen der Altstadt laden zum Flanieren ein.*
5. *Gestern wie heute – in Utrecht laufen auch verkehrstechnisch alle Fäden zusammen.*

5

Stadt, Land, Fluss und Meer

1

Wer sich von Utrecht auf den Bonifatiusweg Richtung Dokkum begibt, der kommt zunächst in die Hauptstadt der Niederlande, faszinierende Hafenmetropole an Amstel und Ijsselmeer, pulsierende Großstadt mit alten Baudenkmälern und neuer urbaner City-Architektur: Amsterdam. Wahrzeichen ist der Turm der Westerkirche, in der Rembrandt begraben liegt.

Die Stadt von Rembrandt und van Gogh ist reich an reizvollen Plätzen, Grachten, Geschäften, Märkten und Nachtleben. Rund 1300 Brücken verbinden die Grachtenufer und bescheren dieser Stadt eine außergewöhnliche Fülle an idyllischen und verträumten Plätzen mit Flohmarktromantik und Giebelhaus-Kulisse.

Ijsselmeer: Links herum oder rechts herum?

Seit Fertigstellung des Abschlussdeiches wird die ehemalige Zuidersee Ijsselmeer genannt. Der zweite Damm von Enkhuizen nach Lelystad trennt südlich das Markermeer ab. Diese aus dem Nordseearm entstandenen Binnengewässer sind allemal einen Aufenthalt wert, nicht nur für Skipper, sondern auch für Landratten, wegen der fantastischen Aussichten auf die beliebtesten Segelreviere des Landes.

Links herum wird man sich einen Besuch der berühmten „Käsestädte“

2

Niederländische Skizzen ...

1. *Auch in der Hauptstadt der Niederlande sind Kirchen der Ausdruck eines stark verwurzelten Glaubens.*
2. *Für die Niederländer ist die Seefahrt integraler Bestandteil ihrer Geschichte und Kulturgut zugleich.*

Edam und Volendam (Heimat der Frau Antje aus Holland) nicht entgehen lassen. Auch Enkhuizen mit seinem eindrucksvollen historischen Stadtzentrum sollte entdeckt werden.
Rechts herum: Von Lelystad, benannt nach dem Erbauer des Zuidersee-Dammes, Cornelius Lely, gelangt man zu malerischen friesischen Hafenstädten wie Lemmer, Workum und Makkum.
Schließlich, ob links herum oder rechts herum, erreichen wir die Hauptstadt Frieslands, Leeuwarden. Rundherum dominiert die friesisch-fruchtbare Polderlandschaft mit hübschen Dörfern, beispielsweise St. Annaparochie, in dessen alter Dorfkirche 1634 Rembrandt getraut wurde.
Fährt man von Leeuwarden Richtung Dokkum, so erkennt man bereits aus der Ferne die Silhouette dieser Festungsstadt, der nördlichsten Stadt der Niederlande und vielleicht der schönsten Frieslands.
Unsere Bonifatius-Pioniere haben die Route rechts herum gewählt. Von Utrecht aus fuhren sie nordwärts über die Brücke nach Almere und weiter nach Lelystad, dann auf gut ausgeschilderten Radwegen nach Lemmer, von hier aus Richtung Tjeuke Meer nach Heerenveen und schließlich über Drachten in eine wunderschöne Van-Gogh-Landschaft mit Kanälen und Zugbrücken – bis nach Dokkum, einem der Höhepunkte auf dem Bonifatiusweg.

3. Liebevoll gepflegtes Klischee: der Käsemarkt in Edam.
4. Sich selbst finden an der Grenze zwischen Wasser und Land.
5. Mit dem Wasser leben, vom Wasser leben – alte Häfen mit ihren malerischen Kaianlagen finden sich in jedem Ort an der niederländischen Küste.

4

5

N
0
15
30 km
Noordzee
Waddeneilanden
Waddenzee
Schiermonnikoog
Ameland
Terschelling
Vlieland
Texel
Lauwersoog
Ulrum
Winsum
Holwerd
Dokkum
Lauwersmeer
GRONINGEN
N 355
Zuidhorn
Leeu-
warden
v. Starkenborgk.
A 31
Harlingen
Franeker
Burgum
N 31
Drachten
A 7
Marum
Leek
Peize
Roden
Norg
Vries
Wommels
E 22
Bolsward
Sneek
Donkerbroek
Assen
Osterwolde
Workum
Heerenveen
Smilde
A 28
Fluessen
Hoogersmilde
Den Helder
Koudum
Balk
Wolvega
Beilen
Anna
Paulowna
Lemmer
Oldemarkt
A 32
E 232
A 6
Havelte
Steenwijk
IJsselmeer
Hoogeveen
Schagen
N 242
Noordoostpolder
Meppel
Drentse Hoofdvaart
A 37
Westfriesland
Emmeloord
Zuid-
wolde
Langedijk
Heerhugo-
waard
Stede
Broec
Enkhuizen
Staphorst
Bergen
Urk
Ens
Zwarte-
meer
Dedems-
vaart
Hoorn
Egmond
aan Zee
Alkmaar
Ketelmeer
IJssel-
muiden
Kampen
Hasselt
Ommen
Wester-
Koggenland
Markermeer
A 9
Castricum
Lelystad
Dronten
ZWOLLE
N 247
Edam
Wormer-
veer
Hattem
Purmerend
Oldebroek
Heino
Hellen-
doorn
Velsen
Volendam
Elburg
N 35
IJmuiden
Zaanstad
Monnickendam
Flevoland
Heerde
HAARLEM
AMSTERDAM
Nunspeet
Raalte
Epe
Almere
Harderwijk
A 27
A 50
IJssel
Heemstede
Zeewolde
Ermelo
Deventer
A 1
Amstelveen
Noord-
wijkerhout
Weesp
Laren
Putten
APELDOORN
Gorssel
N 208
Hoofd-
dorp
A 2
Hilversum
AMERS-
FOORT
E 30
Lochem
N 201
Mijdrecht
Zutphen
LEIDEN
E 35
Barneveld
Alphen
a. d. Rijn
Hoenderloo
Brummen
Utrecht
Schwerpenzeel
Eerbeek
A 4
N 11
Ede
Dieren
Zelhem
A 12
ZOETERMEER
Nieu-
wegein
Houten
Doorn
ARNHEM
Delft
Gouda
Veenen-
daal
Doetinchem
E 25
IJssel-
stein
Vianen
A 18
Pijnacker
Schoon-
hoven
Lek
Culemborg
Elst
A 15

In der niederländischen Metropole Amsterdam sind Kultur und Kulturen zu Hause. Ein unverwechselbares Stadtbild und aufgeschlossene Menschen machen den Reiz dieser Stadt an der Grenze zwischen Land und Meer aus. Ganz klar, dass eine Grachtenrundfahrt ein absolutes Muss für jeden Amsterdam-Reisenden ist, denn erst auf einem Schiff erschließt sich der ganze Charme der niederländischen Hauptstadt.

Leeuwarden ist die Hauptstadt der niederländischen Provinz Friesland und war schon immer ein bedeutender Binnenhandelsplatz. Als Knotenpunkt des weitläufigen niederländischen Kanalsystems laufen hier im wahrsten Sinne des Wortes die Fäden zusammen – und auch wieder auseinander.

1

Ein anderes Bild des Missionars

Dokkums Beziehung zu Bonifatius muss geschichtlich bedingt getrübt sein. Wie geht eine Stadt damit um, dass in ihrer Nähe diese große Persönlichkeit von friesischen Räubern ermordet worden ist? Die Frage stellt sich den Besuchern, auch wenn die Bluttat anno 754 inzwischen mehr als verjährt ist. Eine leise, aber beachtliche Antwort bekommt man am Markt der Stadt beim Betrachten des modernen Kunstwerks „Das Märtyrerfeld“. Auf einer Fläche mit blutrot blühenden Pflanzen haben Tilly Buij und Gerard Groenewoud bronzene Buchkörper verteilt, mehr oder weniger lädiert. Damit erinnern die Künstler an die Überlieferung, wonach der Leichnam des Heiligen umgeben von Büchern gefunden wurde. Barbaren, so die Botschaft der beiden Kreativen, erkennt man schon an ihrer Gewalt gegen Bücher.

Ein Buch spielt auch eine wichtige Rolle bei dem Dokkumer Bonifatiusdenkmal, das sich in unmittelbarer Nähe des Prozessionsparks mit Bonifatiusbrunnen befindet. Die Arbeit aus Kalkstein, geschaffen von Bildhauer Gerrit Bolhuis und 1962 enthüllt, unterscheidet sich deutlich von den meisten Skupturen, die den Missionar darstellen. Sie

Alpha und Omega im Leben des Bonifatius

1. *Die Bonifatiuskirche in Dokkum – hier ist man sich seiner Geschichte bewusst.*
2. *Das Buch als Gesamtkunstwerk im öffentlichen Raum.*
3. *Eine moderne Interpretation des Bonifatius-Martyriums.*
4. *Die Bonifatiuskapelle im Herzen einer reizvollen Parklandschaft.*

zeigt einen Greis ohne Pathos und kirchliche Amtszeichen, aber mit viel stiller Würde und innerer Ausgeglichenheit. Das Buch, das er über seinen geneigten Kopf hält, ist nicht durchbohrt, sondern ein noch intakter Schild. Wer sich in die Darstellung vertieft, der spürt, dass sie die Jahrhunderte überbrücken hilft, die heutige Menschen von Bonifatius trennen. Das Pilgerziel Dokkum verdankt seine Bekanntheit nicht nur dem Baumeister Europas, sondern auch dem Platz im Reigen der elf friesischen Städte Hollands. Dass Dokkum die nördlichste von ihnen ist, macht sich beim Eisschnelllauf über die gefrorenen Kanäle des niederländischen Friesland bemerkbar: Während dieses Kufenrennens wenden die Aktiven traditionell in der Bonifatiusstadt. Bei wärmeren Temperaturen lässt sich die Frieslandtour beispielsweise per Fahrrad, Kanu, Motorrad oder per Oldtimer unternehmen.

1

Grachten, Kanäle, Windmühlen und Klinker

Im Sommer legen die Kapitäne kleinerer Hausboote gerne in Dokkum an, um mit ihren Familien dort einige Urlaubstage zu verbringen. Diese Entscheidung verwundert nicht, denn sie gilt einer friesisch-niederländischen Stadt wie aus dem Bilderbuch. Dokkum ist mit seinen Grachten, Kanälen, Windmühlen und schmucken Klinkerhäusern allerdings nicht im musealen Klischee erstarrt, sondern erweist sich als modern und

2

Friesischer Charme in Klinkerbauweise

1. *Das Stadhuis ist noch heute Sitz der Verwaltung.*
2. *Stillleben mit Windmühlen: Alte Kulturlandschaft und altes Handwerk im Gleichklang.*

lebendig. Vergangenheit und Gegenwart harmonieren gut miteinander. Zu den vielen sehenswerten Gebäuden zählen das repräsentative Rathaus mit seinem Glockentürmchen, das alte Stadtwaagen-Gebäude mit der Inschrift „Weegt en waakt“ (Wieget und wachet) und die katholische Pfarrkirche, die neben dem heiligen Martin auch Bonifatius und seinen Gefährten geweiht wurde. Lohnend ist außerdem ein Spaziergang auf den Befestigungswällen der Stadt, die ein fast regelmäßiges Sechseck bilden.

Wer besonders stilecht auf das Wohl Dokkums trinken möchte, der wählt am besten einen Beerenburg, das hochprozentigste Produkt der Stadt aus jungem Genever und 71 Kräutern. Der Beerenburg gibt dem regional stark verbreiteten „Dokkumer Kaffee“ die süffige Seele.

3

4

3. Windgetriebene Pumpen schützen das Land hinter den Deichen.
4. Ohne Boot geht für einen Friesen nichts.
5. Auch in Dokkum sind Grachten wichtige Verkehrswege.

5

Friesische Impressionen und rheinische Legenden

Wir lassen Dokkum, den Schicksalsort des Heiligen Bonifatius, hinter uns und tauchen tief ein in die bezaubernde Landschaft West-Frieslands. Weite Ebenen, sattes Grün und unzählige Wasserläufe prägen den Charakter dieser Region, deren Bewohner stolz auf ihre Eigenständigkeit sind. Der Stolz der Friesen spiegelt sich in ihrer Flagge: blaue Streifen auf weißem Grund mit roten Herzen. Über die alte Handelsstadt Groningen mit ihrer Universität, Assen und Deventer gelangen wir bei Arnhem und Nijmwegen an den Niederrhein.
Nijmwegen an der Waal, wie der Unterlauf des Rheins auf niederländischer Seite genannt wird, hat eine lange Tradition als Handelsplatz und politisches Zentrum.

Kaiserpfalz an der Wasserstraße

Bereits zu karolingischer Zeit entstand hier an der wichtigsten Wasserstraße Europas eine Kaiserpfalz, die die Bedeutung der Stadt im frühen Mittelalter unterstreicht. Es ist auch mit Sicherheit davon auszugehen, dass sich Bonifatius diese natürliche Verkehrsverbindung im Herzen Europas für seine Reisen zunutze gemacht hat.
Über den Rhein, all die bezaubernden Orte, die an ihm

1. *Friesland ist ein Paradies für Seevögel und andere Meeresvagabunden.*
2. *Der Mittelrhein ist ein Eldorado für Romantiker aus aller Welt. Unzählige Burgen und berühmte Weinanbaulagen flankieren den „Großen Europäer" und machen den mächtigen Fluss zu einer Sehenswürdigkeit ersten Ranges.*

liegen, und die faszinierenden Menschen, die an ihm leben, wurden bereits Bibliotheken geschrieben. Selbst im „Lied der Nibelungen", dem ältesten Werk der deutschen Literatur, spielt dieser große und damals noch wilde Strom eine bedeutende Rolle. An seinen Ufern lieferten sich Siegfried von Xanten und Hagen von Tronje das wohl ergreifendste Duell der Weltliteratur, in seinen Fluten versank der sagenumwobene „Hort der Burgunder".
Seit Menschengedenken haben die Menschen den Rhein genutzt, um Handel zu treiben. Über ihn konnten die Römer von Süden aus in das Herz Mitteleuropas vordringen, und von seiner Mündung aus war der Rhein der ideale Verkehrsweg für die Raubzüge der Wikinger.

Ein Zentrum im dreifachen Sinne

Unser Weg führt uns jetzt von Emmerich aus vorbei am Ruhrgebiet nach Köln. Hervorgegangen aus dem römischen Colonia Agrippinensis, war Köln schon immer ein politisches, wirtschaftliches und religiöses Zentrum. Auch Bonifatius war von dieser Stadt fasziniert. Deshalb erschien es ihm erstrebenswert, Bischof dieser frühmittelalterlichen Metropole zu werden. Noch heute ist der mächtige Dom das Symbol der Macht, die von diesem Ort ausging und auch noch ausgeht.
Auf unserem weiteren Weg erleben wir zwischen Köln und Mainz die ganze Vielfalt des Mittelrheins. Unzählige Burgen, weltbekannte Orte und Legenden wie die von der betörenden Loreley prägen das Bild. Romantiker kommen auf ihre Kosten, und selbst sachliche Menschen können sich dieser Anziehungskraft nicht entziehen.

3. Der Kölner Dom, seit fast einem Jahrtausend Lebensaufgabe für Steinmetze und Dombaumeister.

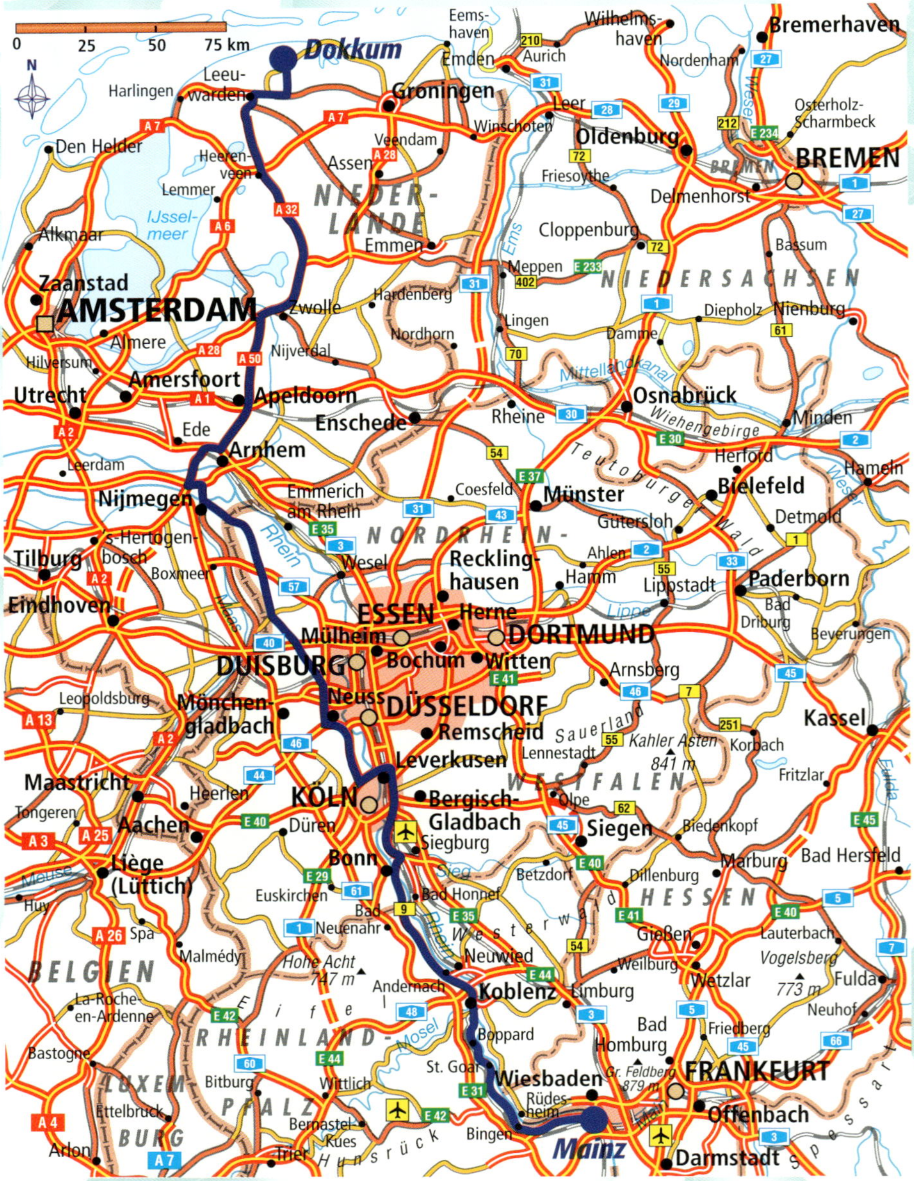
0
25
50
75 km
N
Dokkum
Eems-
haven
210
Aurich
Wilhelms-
haven
Bremerhaven
Nordenham
27
Harlingen
Leeu-
warden
Groningen
Emden
31
Leer
28
29
Weser
Osterholz-
Scharmbeck
212
E 234
A 7
A 7
Winschoten
Oldenburg
Veendam
Den Helder
Heeren-
veen
Assen
A 28
72
BREMEN
BREMEN
Friesoythe
Lemmer
NIEDER-
LANDE
Delmenhorst
1
A 32
IJssel-
meer
A 6
Cloppenburg
27
Alkmaar
Ems
Emmen
72
Bassum
Meppen
E 233
402
NIEDERSACHSEN
Zaanstad
Hardenberg
31
AMSTERDAM
Zwolle
Lingen
1
Diepholz
Nienburg
Nordhorn
Almere
Damme
61
Hilversum
A 28
A 50
Nijverdal
70
Mittellandkanal
Amersfoort
Utrecht
A 1
Apeldoorn
Osnabrück
Enschede
Rheine
30
Wiehengebirge
Minden
A 2
Ede
E 30
2
Arnhem
54
Herford
Teutoburger Wald
Hameln
Leerdam
E 37
Bielefeld
Weser
Emmerich
am Rhein
Coesfeld
Münster
Nijmegen
31
43
Detmold
Gütersloh
's-Hertogen-
bosch
E 35
NORDRHEIN-
1
Tilburg
Rhein
3
Wesel
Reckling-
hausen
Ahlen
2
Boxmeer
Hamm
55
33
A 2
Lippstadt
Paderborn
57
Eindhoven
ESSEN
Herne
Lippe
Bad
Driburg
Maas
Mülheim
DORTMUND
Beverungen
40
Bochum
DUISBURG
Witten
E 41
Arnsberg
45
Leopoldsburg
Mönchen-
gladbach
Neuss
46
7
DÜSSELDORF
Kassel
A 13
251
Remscheid
Sauerland
A 2
46
55
Kahler Asten
841 m
Korbach
Lennestadt
Leverkusen
44
WESTFALEN
Fritzlar
Maastricht
Heerlen
Fulda
KÖLN
Bergisch-
Gladbach
Olpe
Tongeren
62
Aachen
E 40
Düren
Siegen
45
Biedenkopf
E 45
A 3
A 25
Siegburg
Liège
(Lüttich)
Bonn
Sieg
E 40
Dillenburg
Marburg
Bad Hersfeld
Meuse
Betzdorf
Westerwald
Euskirchen
E 29
61
HESSEN
5
Huy
Bad
Bad Honnef
9
E 41
E 40
1
Neuenahr
E 35
Gießen
Lauterbach
A 26
Spa
Rhein
Malmédy
54
Weilburg
7
Neuwied
Vogelsberg
Hohe Acht
747 m
BELGIEN
Andernach
E 44
Wetzlar
773 m
Fulda
Koblenz
Limburg
Eifel
La-Roche-
en-Ardenne
48
3
Neuhof
E 42
Bad
5
Friedberg
Mosel
Boppard
RHEINLAND-
Homburg
66
Bastogne
45
60
E 44
St. Goar
Gr. Feldberg
879 m
FRANKFURT
LUXEM-
BURG
Bitburg
Wittlich
Wiesbaden
E 31
Rüdes-
heim
PFALZ
Spessart
Ettelbruck
E 42
Offenbach
A 4
Bernastel-
Kues
Bingen
Main
3
Hunsrück
Arlon
Trier
A 7
Mainz
Darmstadt

Handelsstadt, Kulturstadt, Medienstadt – Köln war, ist und wird auch in Zukunft immer eine der bedeutendsten Städte am Rhein sein. Aber wirklich einzigartig sind die Menschen, die Köln bevölkern. Diese zu beschreiben wäre ein Mammutwerk wert, also sollte man sie einfach selbst kennen lernen.

Der Mittelrhein mit seinen Burgen, Weinbergen und Orten ist deutscher Mythos. Zwischen Köln und Mainz kann sich der Reisende kaum entscheiden, welche Sehenswürdigkeit er zuerst besuchen soll. Deshalb lohnt es sich, etwas Zeit für diese unbeschreibliche Landschaft mitzubringen.

1

Gipfeltreffen im Bischofshaus

2

Viele denken bei Mainz nicht nur an den romanischen Dom, den Rhein, den Wein und an die Fastnacht, sondern auch an drei Persönlichkeiten, deren Namen mit dieser Stadt verbunden sind: Winfrid-Bonifatius, geboren um 675 im angelsächsischen Crediton, Missionar und Erzbischof, von 746 bis 754 Mainzer Bischof, reiste nie ohne seine Bücher.
Johannes Gutenberg, eigentlich J. Gensfleisch zur Laden, geboren um 1400 in Mainz, Buchdrucker, erfand den Buchdruck mit beweglichen Metalllettern. Karl Lehmann, geboren 1936 in Sigmaringen, Kardinal, seit 1983 Mainzer Bischof, Vorsitzender der Deutschen Bischofskonferenz, besitzt über 40.000 Bücher.

... denn es steht geschrieben!

1. *Rheinromantik mit Dom – in Mainz sind beide fester Teil des Lebens.*
2. *Das Denkmal von Johannes Gutenberg auf dem Domplatz.*
3. *Die Gutenbergbibeln sind heute die ältesten und teuersten gedruckten Bücher der Welt.*

Wie wäre es, wenn über die Zeiten hinweg ein Gipfeltreffen dieser drei bekennenden Bücherfreunde stattfände? Natürlich in Mainz. Hier ein Versuch: Gutenberg kommt etwas verspätet ins Bischofshaus, in dem die beiden Geistlichen schon warten. „Entschuldigen Sie bitte, aber wenn ein Mainzer nach langer Abwesenheit den Dom sieht, dann kann er sich von dem Anblick schwer losreißen. Oder ist das jetzt anders?“ Karl Lehmann schüttelt schmunzelnd den Kopf, bevor er den Gast begrüßt. Bei einem guten Wein findet das Trio schnell zu der Thematik, die es besonders verbindet. „So viele Bücher hier. Sind das alles Ihre?“, fragt Gutenberg den Kardinal. „Ja“, antwortet Leh-

3

1

mann, „und eigentlich verdanke ich sie Ihnen." Bonifatius ist fasziniert von den Möglichkeiten des Buchdrucks. „Wenn ich bedenke, dass ich die von mir gewünschten Werke oft erst aufschreiben lassen musste", sinniert er und fährt leise fort: „Für mich bedeuteten Bücher immer Heimat." Nach kurzem Schweigen sagt Gutenberg: „Für mich waren sie Herausforderung. Akkurat mussten sie werden und gleichzeitig schön." Die Besucher aus der Vergangenheit sehen den Kardinal an. „Ich denke, für uns drei waren und sind Bücher eine Leidenschaft", fasst er zusammen. Bonifatius und Gutenberg nicken.

Stadtrundgang: Ehre, wem Ehre gebührt

Beim anschließenden Stadtrundgang bleibt der Missionar vor seinem Denkmal am Dom stehen. „Es ist bewegend, dass die Mainzer sich meiner erinnern. Aber werde ich immer mit einem verwundeten Buch dargestellt?", will Bonifatius wissen. Als Lehmann „Sehr oft" sagt, wirkt der Heilige betrübt: „Das ist mir natürlich nicht einerlei." Doch bald hellt sich seine Miene wieder auf, und er klopft dem Kardinal auf die Schulter: „Übrigens: Ich finde es wunderbar, dass jetzt einer meiner Mainzer Nach-

2

Sinn für Freude und Kultur

1. *In vino veritas – die Augustinergasse ist immer für einen edlen Schluck gut.*
2. *Auch hier in Mainz immer präsent – der heilige Bonifatius.*

folger die Deutsche Bischofskonferenz leitet. Dies musste mal gesagt werden." Gutenberg kann kaum fassen, dass es ihm zum Gedenken in Mainz ein Museum gibt und die Universität der Heimatstadt seinen Namen trägt. „Ehre, wem Ehre gebührt", versichern ihm seine Begleiter. Karl Lehmann zeigt das heutige Mainz als pulsierende Stadt des Wortes: Er verweist auf die Beiträge der zahlreichen dort ansässigen Medien bis hin zum ZDF, die Veranstaltungen an der Uni, die Debatten im Landtag von Rheinland-Pfalz, die Darbietungen im Staatstheater, die Kleinkunst im Unterhaus, die Büttenreden nicht nur im Kurfürstlichen Schloss und auf vieles mehr. „Wir Mainzer sind im besten Sinne redselig", betont der Kardinal. Ganz still werden die drei, als sie die Chagallfenster in der St.-Stephans-Kirche betrachten. „Das ist ein Vorgeschmack des Himmels", sagen Bonifatius und Gutenberg staunend nach dem Verlassen des Gotteshauses. Sie müssen's wissen. Und Lehmann ergänzt: „Ja, die Bibel, das Buch der Bücher, ist hier transparent geworden."

3

3. *Der romanische Mainzer Dom war schon immer ein Bollwerk des Glaubens.*
4. *Der gemeine Mainzer kommt ohne sein Stadttheater nicht aus …*
5. *In der fünften Jahreszeit wird die Stadt zu einem Tollhaus.*

4

5

Über Rhein und Lahn in das Herz Europas

Von Mainz aus führt unser Weg auf die östliche Rheinseite. Entlang des mächtigen Stroms und vorbei an all den Orten des Mittelrheins, die zum Inbegriff weltweiter Rheinromantik geworden sind, gelangen wir südlich von Koblenz nach Lahnstein. Hier mündet mit der Lahn Hessens längster und bekanntester Fluss in den „Vater der deutschen Ströme". Lahnaufwärts reihen sich nun wie auf einer Perlenkette malerische Orte aneinander, die sich harmonisch in das von breiten Mäandern durchzogene Lahntal einfügen.

1

1. Das Kloster Schiffenberg beherrscht das Lahntal und ist heute ein beliebter Veranstaltungsort.
2. Die alte Residenzstadt Weilburg mit ihrem fürstlichen Schloss ist in der Tat eine Perle an der Lahn.

Liebliche Landschaft

2

Über die alte Kurstadt Bad Ems, Nassau und Diez gelangen wir durch eine liebliche Flusslandschaft nach Limburg mit seinem spätromanisch-frühgotischen Dom und dem Schloss. Von der alten Bischofsstadt aus geht es über die Burgenstadt Runkel weiter nach Weilburg. Neben dem Weilburger Schloss und der prächtig renovierten Altstadt erwartet den Besucher hier eine Sehenswürdigkeit der ganz besonderen Art. Wer hätte gedacht, dass der kleine Fluss Lahn in Weilburg Deutschlands längsten und ältesten Schifffahrtstunnel durchfließt? Über Wetzlar, die Stadt des Reichskammergerichtes mit ihrem historischen Stadtkern und der alten Lahnbrücke, erreichen wir die Universitätsstadt Gießen. Neben Frankfurt a. M. beherbergt Gießen die zweitgrößte Universität des Bundeslandes Hessen und ist der kulturelle Mittel-

3

4

punkt der Region. Studierende aus aller Herren Länder verleihen der von vielen malerischen Burgen wie dem Gleiberg umgebenen Stadt ihr besonderes Flair und machen jede noch so kurze Stippvisite zu einem echten Erlebnis. Mit einem Blick durch das Schiffenberger Tal samt der alten Klosterruine auf dem Schiffenberg führt uns unser Weg vorbei an einer Vielzahl ursprünglicher hessischer Fachwerkdörfer nach Marburg. Marburg wird zu Recht als eine der schönsten Städte Deutschlands beschrieben und atmet in jedem Winkel Geschichte. Als Gründungsort des Landes Hessen und der Grablege der Heiligen Elisabeth von Thüringen ist Marburg in jeder Beziehung ein historischer Ort. Eingebettet in ein enges Tal zwischen den Lahnbergen, überragt das spätgotische Schloss das einzigartige Ensemble der Oberstadt. Zu seinen Füßen, unweit der Lahn, erhebt sich die frühgotische Elisabethkirche. Sie ist nachweislich die älteste gotische Kirche Deutschlands und wurde mit ihrer markanten Architektur zum Vorbild für viele historistische Sakralbauten des 19. Jahrhunderts. Von der Universitätsstadt Marburg ist es jetzt nur noch ein kurzer Weg bis nach Amöneburg, dem Ziel dieser Etappe.

5

3. Die Gießener Justus-Liebig-Universität ist integraler Bestandteil der Stadt.
4. Wetzlars verwinkelte Altstadt zieht jedes Jahr Tausende von Besuchern an.
5. Deutschlands älteste gotische Kathedrale, die Elisabethkirche in Marburg, wurde im 19. Jahrhundert zum Vorbild vieler Kirchenneubauten.

Schmallenberg
Sauerland
Attendorn
Lennestadt
NORDRHEIN-WESTFALEN
Bad Berleburg
Hallenberg
Frankenberg (Eder)
Bad Wildungen
Fritzlar
Olpe
Hilchenbach
Kreuztal
Battenberg
Gemünden
HESSEN
Schwalmstadt
Freudenberg
SIEGEN
Bad Laasphe
Biedenkopf
Kirchhain
Neustadt
Marburg
Amöneburg
Stadtallendorf
Wissen
Betzdorf
Gladenbach
Kirtorf
Alsfeld
Dillenburg
Haiger
Homberg
Bad Marienberg
Herborn
Allendorf (Lumda)
Westerwald
Lollar
Rennerod
Leun
Aßlar
Gießen
RHEINLAND-PFALZ
Grünberg
Braunfels
Wetzlar
Linden
Lich
Laubach
Schotten
Hungen
Weilburg
Butzbach
Münzenberg
Ransbach-Baumbach
Limburg a.d.Lahn
Gedern
Nidda
Runkel
Bad Nauheim
Bad Ems
Diez
Bad Camberg
Usingen
Friedberg (Hessen)
Ortenberg
Nassau
Bad Homburg
Friedrichsdf.
Büdingen
Wächtersbach
Gr. Feldberg 879 m
Karben
Nidderau
Oberursel
Bad Vilbel
Gelnhausen
Taunus
Nastätten
Bad Schwalbach
Kronberg
Maintal
Langenselbold
St. Goar
Eppstein
Eschborn
Oberwesel
Taunusstein
Kelkheim
FRANKFURT
Bacharach
WIESBADEN
Hofheim a.T.
OFFENBACH
BAYERN
Geisenheim
Mainz
Flörsheim
Seligenstadt
Rüsselsheim
Rüdesheim
Ingelheim
Mörfelden-Walldorf
Langen
Rodgau
Aschaffenburg
Babenhsn.
Groß-Gerau
Dieburg
Wörrstadt
Griesheim
DARMSTADT
Groß-Umstadt
Rhein
Oppenheim
Ober-Ramstadt
Main
N
0
15
30 km

Der Bischofssitz Limburg mit seinem farbenprächtigen romanischen Dom ist ein echter Höhepunkt auf jeder Reise durch das idyllische Lahntal.

Tipp:
Deftige hessische Küche, Apfelwein und Geselligkeit sollte man genießen ...

Bereits Johann Wolfgang von Goethe wusste das Fachwerkstädtchen Wetzlar mit seinen malerischen Winkeln zu schätzen.

Die Kur- und Bäderstadt Wiesbaden, heute Landeshauptstadt von Hessen, war bereits im 19. Jahrhundert ein beliebter Treffpunkt für die Prominenz aus aller Welt.

Marburg mit seinem historischen Schloss und der malerischen Altstadtlage – die Wiege des Landes Hessen.

1

Städtchen auf Basaltkuppe

2

Ganz gleich, von welcher Himmelsrichtung man kommt: Amöneburg ist nicht zu übersehen. Es ist im wahrsten Sinne des Wortes ein erhabener Ort. Denn das kleine Städtchen liegt auf einer Basaltkuppe, die sich knapp 170 m über dem weiten und sanft welligen Tal der Ohm erhebt. Ein allein stehender Berg, herausragend aus dem so genannten „Amöneburger Becken", rund 10 km Luftlinie östlich von Marburg.
Als Bonifatius im Jahre 721 Friesland verließ, um nach Hessen zu gehen, kam ihm Amöneburg im mehrfachen Sinne gelegen: als Kreuzungspunkt von Handelswegen, als wahrlich „erhabener Standpunkt", als Ort mit Weitblick. Hier gründete Bonifatius sein erstes Kloster. Hier begann die große Zeit seiner Mission.

Ein erhabener Ort

1. *Stimmungsvoller Ausblick auf einen geschichtsträchtigen Ort.*
2. *Wie ein Felsen im Meer erhebt sich die alte Bergfestung aus dem Amöneburger Becken.*
3. *Die für die Region typischen Fachwerkhäuser prägen das Karree des Marktplatzes.*

Das erste Benediktinerkloster in Hessen

Bonifatius traf 721 in Amöneburg auf die Vorsteher Dettic und Deorulf, Zwillingsbrüder, die er – wie der Biograph Willibald berichtet – „von ihrem verruchten Götzendienst" bekehrte. Daraufhin befreite er auch einen großen Teil des Volkes vom heidnischen Aberglauben. Schließlich sammelte er eine Schar von Mönchen und baute eine Klosterzelle. Sie war auch die Urzelle einer Schule, die noch heute existiert und mehr denn je den guten Ruf von Amöneburg prägt.
Bonifatius kam noch einmal im Jahr 732 an diesen Ort und baute eine Kirche. Auf dem Platz steht noch heute ein Gotteshaus: die große, im 19. Jahrhundert neu erbaute Stiftskirche St. Johann. Das Kloster existierte zwar nur bis zum 12. Jahrhundert, doch die zu ihm gehörende Schule

3

1

hat die Zeiten überdauert. Deshalb ist Amöneburg seit fast 1300 Jahren ein kirchlicher und schulischer Mittelpunkt.

Der Weitblick lockt noch heute

Heute ist Amöneburg ein Ort, der zwar einiges von seiner strategischen und logistischen Bedeutung verloren hat, dennoch große Attraktivität besitzt aufgrund seiner herausragenden Position auf dem Berg samt freiem Blick in alle Himmelsrichtungen. In den hübschen Bauerndörfern rund um Amöneburg gibt es viele sehenswerte Wehr- und Barockkirchen, die den Einfluss von Bonifatius' Wirken bestätigen. Auch die Entwicklung Marburgs zur berühmten Universitätsstadt dürfte auf das Vorbild der frühen Bildungsstätte Amöneburg zurückzuführen sein.

2

3

In Amöneburg zeugen prächtige Fachwerkhäuser und Ritterhöfe vom einstigen Reichtum der Stadt. Beeindruckend ist der historische Marktplatz mit Rathaus, Heimatmuseum und den vielen Gasthäusern und Hotels, zumeist hinter reizvollen Fachwerkfassaden. Kein Wunder, dass Amöneburg heute „staatlich anerkannter Erholungsort" ist. Den Spaziergänger erfreuen parkartige Wege zwischen den Ruinen des ehemaligen kurfürstlichen Schlosses und zu den Ruinen der Wenigenburg am Rande des Basaltkegels, allesamt Lehrpfade in einem großen Naturschutzgebiet.
Amöneburg ist auch heute eine Festung des Glaubens und der Bildung, mit der hoch aufragenden Kirche St. Johann auf der Kuppe des Berges und dem Stiftsgymnasium St. Johann. Stätten, die inneren Weitblick gewähren – parallel zum äußeren Weitblick, den diese Stadt bietet.

4

Ein harmonisches Ganzes

1. *Eingerahmt von alten Wehranlagen schmiegt sich die Amöneburger Altstadt an den Basaltkegel.*
2. *Aus der Luft lässt sich die exponierte Lage der Stadt Amöneburg am besten erkennen.*
3. *Die malerische Lindaukapelle wird von einer wildromantischen Parklandschaft eingerahmt.*
4. *Die Stadtkirche von Amöneburg erhebt sich majestätisch über der Stadt.*
5. *Blick auf den imposanten Basaltkegel.*

5

Hessen von seiner ursprünglichsten Seite

Lassen Sie ein letztes Mal den Blick über die weite Ebene des Amöneburger Beckens schweifen, bevor wir die liebenswerte Stadt an den Ufern der Ohm verlassen. Die Reise auf den Spuren des angelsächsischen Mönchs Winfried führt jetzt weiter in Richtung Norden. Vorbei an Kirchhain mit seinem malerischen spätgotischen Fachwerkrathaus aus dem 16. Jahrhundert, Stadtallendorf und Neustadt erreichen wir Schwalmstadt. Die Großgemeinde, bestehend aus den beiden Städten Treysa und Ziegenhain, ist nicht nur rein geographisch ein Zentrum des Schwälmer Landes, sondern auch kulturell der Punkt, an dem alle Fäden zusammenlaufen. Die reizvollen Stadtbilder von Treysa und Ziegenhain sind gekennzeichnet von der klassischen oberhessischen Fachwerkarchitektur und aufwendigen Festungsanlagen aus dem 15. Jahrhundert. Von hier aus geht unser Weg weiter in Richtung Kellerwald.

Ruhe und Beschaulichkeit

Entlang der Route stehen etliche hessische Fachwerkdörfer. Dichte Buchenwälder, Wildreichtum und ein dichtes Netz von Wanderwegen machen den Kellerwald zu einem Naturerlebnis auf der Reise von Amöneburg nach Fritzlar. Zu den kulturhistorischen und architektonischen Höhepunkten der Region Kellerwald gehört das Kloster Haina. Die gewachsene Klosteranlage, deren Ursprünge im frühen 13. Jahrhundert liegen, vermittelt einen Eindruck von der Vielfalt des geistlichen Lebens im Wandel der Zeiten. Besonders hervorzuheben ist die frühgotische Hallenkirche mit faszinierenden Glas- und Wandmalereien.
Von Kloster Haina gelangen wir über die Ederhöhen zum Edersee. Deutschlands drittgrößtes Stauwerk hat mit einer Gesamtlänge von über 20 Kilo-

Impressionen aus dem grünen Herzen Hessens

1. *Ein Musterbeispiel hessischer Fachwerkbaukunst in Schwalmstadt.*
2. *Der Stammsitz der Waldecker Grafen thront wie eine Krone über dem Edersee.*
3. *Das Kloster Haina kann auf eine lange Geschichte zurückblicken.*

2

3

metern ideale Bedingungen für den Wassersport. Erbaut zwischen den Jahren 1909 und 1914, fügt sich der Edersee mit seinen vielen Schleifen und Windungen in die Landschaft ein, ideales Naherholungsgebiet für die nahe Großstadt Kassel.

Beherrscht werden der See und die angrenzenden Höhen von Schloss Waldeck. Dessen imposante Lage und wuchtige Architektur machen die Burg, den ehemaligen Hauptsitz der Grafen von Waldeck, zu einem Muss für jeden Edersee-Besucher. Auch die angrenzende Stadt sollte man besuchen.

Die letzte Etappe auf der Reise durch das ursprüngliche Hessen führt durch die Kurstadt Bad Wildungen, entlang dem Unterlauf des Flüsschens Eder direkt vor die Tore von Fritzlar.

4

5

4. *Am Edersee findet jeder Erholung und Spaß pur.*
5. *Im Kurpark von Bad Wildungen fällt es nicht schwer, den Alltag hinter sich zu lassen.*

Marsberg
Liebenau
Warstein
Greben-
stein
Hann.-
Münden
Volkmarsen
Brilon
Bad
Arolsen
Vellmar
Olsberg
Witzenhausen
Meschede
KASSEL
Wolfhagen
Korbach
Großalmerode
NORDRHEIN-
WESTFALEN
Baunatal
Hess.
Lichtenau
Eder-
Stausee
Sauerland
Medebach
Winterberg
Fritzlar
Schmallenberg
Bad
Wildungen
Felsberg
Melsungen
Hallenberg
Frankenberg
(Eder)
Spangenberg
Bad
Berleburg
Homberg
(Efze)
Battenberg
Rotenburg
a.d.Fulda
Gemünden
Gilser-
berg
Bebra
HESSEN
Bad Laasphe
Biedenkopf
Wetter
Schwalmstadt
Bad
Hersfeld
Neukirchen
Kirch-
hain
Neustadt
Marburg
Stadtallendorf
Gladen-
bach
Amöneburg
Kirtorf
Alsfeld
Dillenburg
Grebenau
Homberg
Allendorf
(Lumda)
Romrod
Herborn
Schlitz
Hünfeld
Fulda
Lollar
Lauterbach
(Hessen)
Leun
Aßlar
Gießen
Grünberg
Fulda
Linden
Herbstein
Braunfels
Wetzlar
Lich
Laubach
Schotten
Weilburg
Hungen
Lahn
Butzbach
Münzenberg
Gedern
Bad
Nauheim
Nidda
Schlüchtern
Bad
Camberg
Usingen
Ortenberg
Friedberg
(Hessen)
Bad Soden-
Salmünster
Steinau
a.d.Straße
Bad
Homburg
Taunus
Gr. Feldberg
879 m
Friedrichsdf.
Büdingen
Wächtersbach
Karben
Nidderau
Oberursel
Bad
Vilbel
Bad Orb
Kronberg
Langen-
selbold
Maintal
Gelnhausen
Steinbach
BAYERN
Eppstein
Kelkheim
Hofheim a.T.
FRANKFURT
N
0
15
30 km

Das malerische Gilserberg ist nur einer von vielen sehenswerten Orten auf unserer Route.

In Schwalmstadt und Umgebung findet der Kulturreisende eine Vielzahl interessanter Einblicke. Besonders sehenswert: das Museum der Schwalm in Ziegenhain.

Tipp:
Das Malerdorf Willingshausen ist ein „Muss" für Kunstinteressierte.

Die farbenfrohe Schwälmer Tracht ist auch heute noch in Willingshausen ein fester Bestandteil des Alltags. Berühmtheit erlangte Willingshausen durch seine Malerkolonie.

1

Zeichen setzen – Zeichen leben: Bonifatius und die Stadt Fritzlar

Wir schreiben das Jahr 723. In den dichten Buchenwäldern zwischen den heutigen Flüssen Schwalm, Eder und Fulda steigen dichte Morgennebel auf. Leise bahnt sich das Wild seinen Weg durch das Unterholz. Dumpfe Axtschläge hallen durch den Wald und kündigen eine neue Epoche an. Ob der englische Mönch Winfried selbst das Beil schwang, als er die Donareiche fällte, das zentrale religiöse Symbol der Chatten und Ausdruck ihres uralten Götterglaubens, ist nicht völlig sicher. Kein Zweifel besteht jedoch daran, dass Bonifatius mit diesem Zeichen der Erneuerung den Weg für eine Entwicklung geebnet hat, die durch die Jahrhunderte die Grundlage für ein vereinigtes Europa, unser vereinigtes Europa, bilden sollte.

2

Die Geschichte nimmt ihren Lauf

Aber so weit ist es noch nicht. Wir befinden uns immer noch in der Mitte des alten Germanien, so wie es Tacitus beschrieben hat. Ganz in der Nähe der durch Hunderte von Axthieben gestürzten Donareiche schmiegt sich direkt an das Flüsschen Eder ein kleiner Weiler.

3

Schnittstelle zwischen gestern und heute

1. *Blick auf den mächtigen romanischen Dom St. Petri.*
2. *Der Legende nach fiel in der Nähe von Fritzlar die Donareiche.*
3. *Die liebevoll restaurierten Wehranlagen aus dem Mittelalter verleihen Fritzlar seinen besonderen Charme. Hier der „Blick auf die vier Türme".*

FRITZLAR

Wege zu Europa

1

An diesem unscheinbaren Ort in der Mitte von Nirgendwo ließ Winfried 724 aus dem Holz der mächtigen Donareiche eine kleine Kirche erbauen, die zum Mittelpunkt eines neuen kulturellen Lebens werden sollte. Geschützt durch die fränkische Büraburg, die ganz in der Nähe die Grenze zu den Sachsen sicherte, entwickelte sich Fritzlar zu einem Zentrum des Glaubens, der Lehre und der politischen Kultur. Welch enorme Auswirkung der Aufbau dieses kleinen Benediktinerklosters durch Bonifatius hatte, lässt sich daran ermessen, dass wie durch eine Initialzündung weitere Klostergründungen in unmittelbarer Nähe folgten. Von Fritzlar und von der dort von Abt Wigbert gegründeten Klosterschule aus begaben sich die Mönche Lullus und Sturmius auf eigene Missionsreisen. Hierbei entstand neben dem Benediktinerkloster Hersfeld auch Bonifatius' spätere Lieblingsabtei Fulda.

Vom Mittelalter in die frühe Neuzeit

Mit Karl dem Großen und seinem Interesse an Stadt und Kloster wurde ein weiterer Meilenstein gesetzt. Von nun an waren Ort und Kloster Fritzlar nicht nur rein geographisch ein Mittelpunkt des Reiches. Fritzlar wurde in dieser Zeit des politischen Umbruchs auch lange Jahre zu einem bevorzugten Aufenthalt von Kaisern und Königen. Das

1. Das Hochzeitshaus ist ein echtes Highlight auf jedem Stadtrundgang.
2. Der unermesslich wertvolle Domschatz kündet noch heute von der einstigen Bedeutung Fritzlars.

2

gesamte Mittelalter hindurch gingen von Fritzlar politische und kulturelle Impulse für das Heilige Römische Reich Deutscher Nation aus. Die frühe Neuzeit mit Reformation und Gegenreformation kündigte jedoch den Verlust von Bedeutung an, der in der kompletten Zerstörung im Dreißigjährigen Krieg gipfelte.

Eine Stadt mit Charakter

Wir schreiben das Jahr 2003. Viele Jahrhunderte sind seit den ersten Axthieben des englischen Mönchs aus dem dunklen Norden vergangen. Fritzlar ist heute eine zukunftsorientierte und sympathische Stadt, die stolz auf ihre Wurzeln ist und Relikte vergangener, epochemachender Größe sorgsam pflegt. Ein einzigartiges Stadtbild ist das Ergebnis. Neben dem alles beherrschenden Dom St. Petri, der – glaubt man den Legenden – auf den Fundamenten der ersten durch Bonifatius errichteten Holzkirche entstanden ist,machen viele malerische Fachwerkhäuser den besonderen Charme von Fritzlar aus. Wer die Stadt in all ihrer Schönheit entdecken und erleben möchte, der geht am besten zu Fuß, lässt sich Zeit und erspürt in jeder Gasse und an jedem Platz den besonderen Reiz der architektonischen Kleinode.
Der mächtige romanische Dom St. Petri, das Ursulinenkloster mit der St. Katharinen-Kirche und die Hl. Geist-Kapelle sind nur einige von vielen Höhepunkten, welche die Stadt ihren Besuchern anzubieten hat. Fritzlar ist heute wieder das, was es in der Zeit seiner Blüte gewesen ist: eine einzigartige Stadt im Herzen von Europa.
Trotz aller Widrigkeiten und politischer Intermezzi lassen sich hier die grenzübergreifenden Ideen des Mönchs Winfried verstehen. So, wie er es in seinem Netzwerk schon vor Jahrhunderten geplant hat.

3. *Manche Fachwerkhäuser sind in der Tat „Wunder der Statik".*
4. *Prachtvolle Fresken aus dem Mittelalter schmücken den Altarraum der Hl. Geist-Kapelle.*

Der Weg über eine Grenze, die heute verbindet

Wir verlassen die alte Stadt Fritzlar, so wie wir sie betreten haben: durch ein altes Stadttor. Der Weg führt uns zunächst vorbei an der schönen Fachwerkstadt Melsungen mit alter Fuldabrücke, Rotenburg a. d. F. und Bebra. Von hier aus ist es jetzt nur noch ein kleines Stück bis nach Bad Hersfeld, dem Ort, an dem der Bonifatius-Schüler Lullus lebte und wirkte. Bad Hersfeld präsentiert sich heute als moderne Kurstadt, die sich durch die jährlichen Festspiele in der Stiftsruine aus dem 11. Jahrhundert einen weltweiten Ruf erworben hat. Mit dem Lullusfest, dem ältesten Volksfest Deutschlands, erinnern die Bad Hersfelder jedes Jahr an den Gründer ihrer Stadt, dem damit ein einzigartiges Denkmal gesetzt wurde.

Eine Wasserburg und Sperranlagen

Weiter geht es jetzt in östlicher Richtung. Durch den Seulingswald und vorbei an dem kleinen Städtchen Friedewald mit seiner alten Wasserburg erreichen wir die Grenze zwischen Hessen und Thüringen. Heute sind nur noch vereinzelte Relikte der ehemaligen Sperranlagen übrig, die Europa und die Welt über 40 Jahre lang in zwei verfeindete Lager spalteten. Bereits von weitem kündigt sich Eisenach an. Unübersehbares Wahr-

Einblick in die hessische Seele

1. *Die Bad Hersfelder Festspiele sind der kulturelle Höhepunkt des Jahres.*
2. *Ein Bau für die Ewigkeit – die Bartenwetzer-Brücke in Melsungen.*

1

2

zeichen der Stadt ist die Wartburg. Erbaut vom Thüringer Landgrafen Ludwig – genannt der „Springer" – beherrscht die wohl bekannteste Feste Deutschlands Stadt und Landschaft. Eingebettet in die Ausläufer des Thüringer Waldes ist Eisenach mit seiner direkten Verbindung zu seinem historischen Stadtkern und der fast unberührten Natur ein Höhepunkt auf unserer Reise nach Erfurt. Wir verlassen Eisenach und erreichen Gotha. Im Süden lassen sich schemenhaft die beeindruckenden Höhenzüge des Thüringer Waldes erkennen. Über Ohrdruf und Luisental gelangt man bei Oberhof auf den Kamm dieses einmaligen Naturparks.

3

Glanz längst vergangener Macht

Aber zurück nach Gotha. Das Highlight jedes Stadtrundgangs in dieser bemerkenswerten Stadt ist das Schloss Friedensstein. Die imposante Schlossanlage mit ihren Museen und dem malerischen Park war über viele Jahrhunderte der Sitz der Herzöge von Sachsen-Gotha und strahlt auch heute noch den Glanz längst vergangener Macht aus. Vor dem Etappenziel Erfurt machen wir einen kurzen Umweg über Weimar. Als Inbegriff der deutschen Klassik kommt man an diesem erhabenen Ort von Kunst und Kultur an den beiden Dichterfürsten Goethe und Schiller nicht vorbei. Auf jedem Schritt wandelt man in Weimar auf den Spuren der bedeutendsten deutschen Literaten und fühlt sich unversehens in deren Zeit zurückversetzt.

4

3. „Ihre Gnaden lassen bitten ..." – Schloss Friedensstein in Gotha.
4. Auf den Spuren Goethes und Schillers in Weimar.

N
0
15
30 km
Holzminden
Einbeck
Clausthal-Zellerfeld
Blankenburg
Quedlinburg
Höxter
Dassel
NIEDERSACHSEN
Osterode am Harz
Harz
Northeim
Herzberg am Harz
Güntersberge
Uslar
Beverungen
Bad Lauterberg
GÖTTINGEN
Hofgeismar
Warburg
Weser
Duderstadt
Nordhausen
Sangerhausen
Hann. Münden
Vellmar
Heilbad Heiligenstadt
Leinefelde
Sondershausen
KASSEL
Witzenhausen
Wolfhagen
Baunatal
Hess. Lichtenau
Mühlhausen/Thüringen
Sömmerda
Fritzlar
Melsungen
Eschwege
Bad Langensalza
Bad Wildungen
Rotenburg a.d.Fulda
THÜRINGEN
Erfurt
Homberg (Efze)
Bebra
Eisenach
Gotha
Schwalmstadt
Bad Hersfeld
Friedewald
Waltershausen
Arnstadt
Stadtallendorf
Thüringer Wald
Bad Salzungen
Alsfeld
HESSEN
Fulda
Schmalkalden
Zella-Mehlis
Ilmenau
Hünfeld
Lauterbach (Hessen)
Suhl
Meiningen
Fulda
Rhön
Wasserkuppe
950 m
Schotten
Hildburghausen
Nidda
Sonneberg
Schlüchtern
Bad Soden-Salmünster
Steinau a.d.Straße
Bad Neustadt a.d.Saale
Rödental
Neustadt b. Coburg
Büdingen
Wächtersbach
Bad Orb
Coburg
Bad Kissingen
BAYERN
Main
Spessart
Hammelburg
Lichtenfels
Alzenau i. Ufr.
Gemünden a.Main
Schweinfurt
Haßfurt
Aschaffenburg
Lohr a.Main
Main
Karlstadt
Bamberg

Die alte Stadt Melsungen ist bis weit über die Landesgrenzen für ihre herausragenden Beispiele malerischer Fachwerkarchitektur bekannt.

Die Wartburg, die „deutscheste aller Burgen“, ist ein weltberühmtes Denkmal mit wechselvoller Geschichte. Hier übersetzte Luther Teile der Bibel.

Wie kaum eine andere Stadt ist Bad Hersfeld mit dem Leben des heiligen Bonifatius und seines Schülers Lullus verbunden. Noch heute erinnert Deutschlands ältestes Volksfest an den Stadtheiligen.

1

Luther-, Universitäts- und Landeshauptstadt

Die Frage, was geschehen wäre, wenn sich Bonifatius nicht entschlossen hätte, im Jahr 742 in Erphesfurt zwischen Steigerwald, Geraniederung und Fahnerschen Höhen ein Bistum zu gründen, lässt sich mit der Vermutung beantworten, dass sich dieser Ort nie und nimmer zu einer Metropole entwickelt hätte, in der deutsche Geschichte geschrieben und die zu einem Schauplatz der Weltkultur wurde.
Bereits 706 war mit der Christianisierung von Thüringen begonnen und ein Kloster auf dem Petersberg nahe der Furt gebaut worden. In einem Brief an Papst Zacharias berichtet Bonifatius von einem „Ort, der schon vor Zeiten eine befestigte Siedlung heidnischer Bauern gewesen ist".
Erfurts erste urkundliche Erwähnung datiert also auf das Jahr 742. Nach historichen Quellen war der erste, von Bonifatius eingesetzte Bischof des neuen Bistums Willibald. Belegt ist auch, dass 755 das Bistum Erfurt mit dem Erzbistum Mainz vereinigt wurde und ihm über 1000 Jahre lang angehörte.
Wer sich über Erfurt kundig macht, der verharrt im Jahr 1470, als die Stadt mit 900 Quadratkilometern ihre größte Ausdehnung hatte und 80 Dörfer, Burgen und Vorwerke zu ihr gehörten. Im späten Mittelalter war sie eine der bedeutendsten und volkreichsten Städte Deutschlands, berühmt auch wegen ihrer 1379 gegründeten Universität, und wurde als „Bologna des Nordens" gepriesen.

2

Stolze Bürger und Bauten

1. *Die Zitadelle Petersberg ist die einzig vollständig erhaltene barocke Stadtfestung Mitteleuropas.*
2. *Der imposante Erfurter Dom mit seiner eindrucksvollen Treppe ist heute die Kulisse für Freilichtveranstaltungen von höchstem kulturellen Niveau.*
3. *Politisches und kulturelles Zentrum zugleich – Erfurt ist die Landeshauptstadt von Thüringen.*

3

ERFURT

Wege zu Europa

Was würde Bonifatius heute sagen, wenn er erführe, dass Erfurt als geistige Heimat Martin Luthers, der hier von 1501 bis 1505 studierte und danach bis 1510 als Augustinermönch lebte, die Geburtsstätte der Reformation wurde?

Heimat berühmter Männer

Erfurt, seit dem Mittelalter in einer zentralen Lage am Schnittpunkt wichtiger deutscher und europäischer Handelsstraßen, beherbergte viele berühmte Männer wie den Mystiker Meister Eckhart, den Humanisten Ulrich von Hutten, den Rechenmeister Adam Ries, die Dichterfürsten Goethe und Schiller, den Naturforscher Alexander von Humboldt, Kaiser Napoleon und Zar Alexander I. Überspringen wir den Niedergang der einst so reichen Handelsstadt und schlagen den historischen Bogen zu 1994. In diesem Jahr wurde das Bischöfliche Amt Erfurt/Meiningen zum Bistum Erfurt erhoben.
Das heutige Erfurt, als Luther-, Universitäts- und Landeshauptstadt der geistige und wirtschaftliche Mittelpunkt Thüringens, bietet nicht nur seinen fast 200.000 Einwohnern, sondern auch den Besuchern und Gästen eine überzeugende Symbiose aus Geschichte und Gegenwart, wobei ein Wahrzeichen der Stadt an Bonifatius erinnert. Er ließ um 725 eine Kirche errichten, den Vorgängerbau des Mariendomes, ein architektonisches Meisterwerkes der deutschen Gotik, das

Belebte Vielfalt

1. *Majestätisch erhebt sich der Mariendom über der Stadt.*
2. *Auch in Erfurt ist die Legende von der Donareiche ein Begriff – romantische Darstellung des Gemäldes aus dem 19. Jahrhundert.*

zusammen mit der Severikirche ein einmaliges Ensemble bildet und die Stadtkontur ebenso kennzeichnet wie die benachbarte Zitadelle Petersberg, eine barocke Festung.

Zum Dom hinauf führt eine 70-stufige Treppe: mit den beiden Kirchen im Hintergrund eine ungewöhnliche Bühne für die sommerlichen Domstufenfestspiele.

Dom und St. Severi sind optisch immer und überall: Wenn man aus dem Foyer der Oper blickt, bilden beide Bauwerke vor allem nachts eine beeindruckende Kulisse. Dass die Erfurter stolz auf ihre Oper sind, wird jeder verstehen, wenn er das 60-Millionen-Projekt kennen lernt, eine geglückte Synthese aus Architektur, Schönheit und Funktionalität.

Berühmte Wahrzeichen

Da Erfurt, das einen der am besten erhaltenen Stadtkerne Deutschlands, zudem zahlreiche Türme und eine intakte Fußgängerzone besitzt, mit zahllosen Sehenswürdigkeiten aufwartet, müssen wir uns auf weniges beschränken: auf die mittelalterliche Altstadt, auf den Domplatz mit vielen historischen Gebäuden, auf den Fischmarkt mit dem „Roland“, auf die Humanistenstätte Engelsburg, auf die Michaeliskirche in der Michaelisstraße, auch „steinerne Chronik Erfurts“ genannt, auf das Augustinerkloster, auf die Barfüßerkirche, auf den Anger, den Marktplatz mit dem Bartholomäusturm, auf das Messegelände, den „Garten Thüringens“. Wer durch Erfurt spaziert, der muss die Krämerbrücke (1325) überqueren, ein weiteres berühmtes Wahrzeichen der Stadt. Mit 125 Metern ist sie die längste, komplett bebaute Bogenbrücke Europas.

Betreten wir noch den Rathausfestsaal: Dort hängt Peter Jansens monumentales Historiengemälde „Bonifatius fällt eine dem heidnischen Kult geweihte Eiche im Steiger“. Der Bistumsgründer ist auch hier allgegenwärtig.

3

4

3. *Bei einer Kutschfahrt durch Erfurt lassen sich die vielen kleinen architektonischen Leckerbissen aus vielen Jahrhunderten am angenehmsten besichtigen.*
4. *Die malerisch bebaute Krämerbrücke über die Gera.*

Über Rennsteig und Rhön

170 Kilometer misst die Tour unserer Bonifatius-Radler von Erfurt nach Fulda, denen sich mit Thüringer Wald und Rhön zwei bedeutende Mittelgebirge entgegenstemmten. Folgen wir der Strecke (meist auf Nebenstraßen) ab der Landeshauptstadt durch Hochheim, Apfelstädt, Wandersleben, Wechmar, Schwabhausen bis Hohenkirchen und wagen einen Abstecher zur „Bach-Stadt" Ohrdruf, wo Bonifatius 724/725 das erste Kloster Thüringens gründete. Sein Schüler Lullus weihte 777 auf der rechten Seite der Ohra die Petrikirche.

Ein Paradies für Wanderer

Verlassen wir die Spielzeugstadt mit Schloss Ehrenstein und konzentrieren wir uns auf den Anstieg in Richtung Georgenthal zur Neuen Ausspanne, Ausgangspunkt für Wanderungen. Grund genug zum Verweilen, denn der Rennsteig gehört zu den bekanntesten Wanderzielen Deutschlands. Der Höhenweg erstreckt sich meist durch den Thüringer Wald über 168 Kilometer von Hörschel bei Eisenach bis zum Oberlauf der Saale. Nicht weit entfernt liegt das Wintersportzentrum Oberhof.

Zu Tal geht es über Tambach-Dietharz und Schnellbach nach Schmalkalden, einer Stadt mit bedeutender Vergangenheit. Hier konstituierte sich 1531 der Schmalkaldische Bund zur Verteidigung der evangelischen Sache. Auf der Burg wurde im Jahr 1547 der Frieden von Schmalkalden geschmiedet. Sehenswert sind der historische Stadtkern samt Stadtkirche, das Renaissanceschloss „Wilhelmsburg"

1

2

Der Natur auf der Spur

1. *Lebensraum für eine vielfältige Flora und Fauna – die Breitunger Seen.*
2. *Im historischen Stadtkern von Schmalkalden scheint die Zeit eine Pause gemacht zu haben.*
3. *Kleinod der Renaissance: Schloss Wilhelmsburg bei Schmalkalden.*

und das Besucherbergwerk „Finstertal". Die Fahrt in Richtung Dermbach sollte man in Wernshausen unterbrechen und nach Breitungen abbiegen, wegen des Naturschutzgebietes Breitunger Seen, der Marienkirche mit Flügelaltar aus dem Jahr 1518 und des Aktivmuseums auf dem Burghügel.

3

Im Land der offenen Fernen

In Dermbach grüßt die Rhön, das Land der offenen Fernen. Die Hochrhönstraße verlassen wir nach rechts in Richtung Empfertshausen. Bevor die kurvige Straße nach Tann hinabeilt, muss Zeit sein für einen Blick auf die Rhön, die vor 25 Millionen Jahren besiedelt wurde. Dank der Wiedervereinigung Deutschlands ist diese einzigartige Kulturlandschaft mit dem Biosphärenreservat Rhön in den Mittelpunkt der Bundesrepublik gerückt. Geschätzt werden die über 6.000 Kilometer gut gekennzeichneten Wanderwege und die Rhöner Gastlichkeit. Das weitläufige Panorama prägen die lang gestreckte Wasserkuppe („Berg der Flieger"), mit 950 Metern Hessens höchste Erhebung, und die Milseburg, eine sagenumwobene Phonolithkuppe, einst eine keltische Fliehburg. Nach Tann und Hilders, ab hier auf dem Rhönradweg, kommt das Ziel Fulda schnell näher. Wer noch Zeit hat, der sollte über Hünfeld nach Bad Hersfeld reisen. Hier gründete der Bonifatius-Gefährte Lullus 739 eine Einsiedelei. 769 folgte ein Kloster, das 837 Jahre überstand.

4

5

4. Rustikal-romanische Impressionen auf der Henneburg.
5. Der kleine Ort Henneberg schmiegt sich malerisch in die Landschaft.

N
0
15
30 km
Holzminden
Einbeck
Clausthal-Zellerfeld
Blankenburg
Quedlinburg
Höxter
Dassel
NIEDERSACHSEN
Osterode am Harz
Harz
Northeim
Herzberg am Harz
Uslar
Beverungen
Güntersberge
Bad Lauterberg
GÖTTINGEN
Hofgeismar
Warburg
Weser
Duderstadt
Nordhausen
Sangerhausen
Hann.-Münden
Vellmar
Heilbad Heiligenstadt
Leinefelde
Sondershausen
KASSEL
Wolfhagen
Witzenhausen
Baunatal
Hess. Lichtenau
Mühlhausen/Thüringen
Sömmerda
Melsungen
Eschwege
Bad Langensalza
Bad Wildungen
THÜRINGEN
Rotenburg a.d.Fulda
Erfurt
Homberg (Efze)
Bebra
Eisenach
Gotha
Schwalmstadt
Bad Hersfeld
Waltershausen
Arnstadt
Bad Salzungen
Stadtallendorf
Ohrdruf
Thüringer Wald
Alsfeld
Wernshausen
Breitungen
Dermbach
Ilmenau
HESSEN
Fulda
Oberhof
Hünfeld
Empfertshausen
Schmalkalden
Lauterbach (Hessen)
Suhl
Zella-Mehlis
Meiningen
Rhön
Wasserkuppe
950 m
Schotten
Hildburghausen
Nidda
Sonneberg
Schlüchtern
Bad Neustadt a.d.Saale
Bad Soden-Salmünster
Steinau a.d.Straße
Rödental
Neustadt b. Coburg
Büdingen
Coburg
Wächtersbach
Bad Orb
Bad Kissingen
Main
BAYERN
Hammelburg
Lichtenfels
Alzenau i. Ufr.
Spessart
Gemünden a.Main
Schweinfurt
Haßfurt
Aschaffenburg
Lohr a.Main
Karlstadt
Bamberg

Tipp:
Wandern, Ruhe, beste Küche – und viel Kultur. Abwechslungsreiche Vielfalt mitten in Europa.

Zwischen Gotha und Luisenthal gelegen, ist die Stadt Ohrdruf das offene Tor zu den Höhen des Thüringer Waldes.

Im Naturpark Thüringer Wald kommen Wanderer, Radfahrer und Wintersportler zu jeder Jahreszeit auf ihre Kosten. Die dicht bewaldeten Höhenzüge rund um das bekannte Wintersport-Zentrum Oberhof laden auf bestens präparierten Pfaden zu ausgedehnten Erkundungstouren ein.

Die Stadt Hünfeld am Fuß der hessischen Rhön schmiegt sich harmonisch an die sanften Hänge des lieblichen Haunetals zwischen der Barockstadt Fulda und Bad Hersfeld.

1

Geistige Entwicklung des Abendlandes

Der Besucher kommt aus der Vergangenheit, in welcher er die Zukunft entscheidend mitgestaltet hat. Nach über 1250 Jahren steht Sturmius auf dem damaligen Bischofsberg, dem heutigen Frauenberg, und schaut hinab auf die Fuldische Senke. Der Benediktinermönch gründete 744 im Auftrag von Winfried Bonifatius das Kloster Fulda.
Wenn man die Männer nennt, die den Namen Fulda weltweit manifestiert haben, dann darf als Dritter im Bunde Rabanus Maurus nicht fehlen, dessen berühmte Klosterschule zur Wiege der althochdeutschen Literatur wurde. Diesem Trio ist es zuzuschreiben, dass Fulda vor 1200 Jahren seine erste Blüte erlebte. Bonifatius, Sturmius und Rabanus sind heute nicht nur in der barocken Kulturstadt Fulda gegenwärtig, sondern untrennbar mit der geistigen Entwicklung des Abendlandes verbunden.

2

3

Zukunft aus der Vergangenheit

Da Fulda eine Zukunft hat, die aus der Vergangenheit gespeist wird, ist eine Erinnerung an Rabanus Maurus, den „Lehrer Deutschlands“, unabdingbar. Der Universalgelehrte, der das Kloster zum Intellektuellen Zentrum des ostfränkischen Reiches machte, schuf die Grundlagen für den Unterricht in Kloster-, Dom- und Stiftsschulen, verfasste die 22-bändige Enzyklopädie „De universo“ und schrieb den bekanntesten Hymnus der abendländischen Liturgie „Veni creator spiritus“. Fulda ist durch die folgenden Jahrhunderte eine Stadt der Bildung und Ausbildung geblieben, besaß von 1734 bis 1805 eine Universität und ist heute ein Zentrum von Schulen, zu denen die Fachhochschule und die Theologische Fakultät zählen.
Über 1000 Jahre lang wurde Fulda vom Klerus beherrscht. Fürstbischöfe sorgten im 17. Jahrhundert für die zweite

Eine barocke Traumlandschaft

1. *Gelassenheit und Atmosphäre im Schlossgarten mit Orangerie.*
2. *Die Michaelskirche ist eine der ältesten Kirchen Deutschlands aus dem Jahr 822 n. Chr.*
3. *Einkaufsbummel in der Innenstadt.*

Blüte, indem sie das Barockviertel schufen, das in seiner Pracht und Geschlossenheit seinesgleichen sucht. Die deutsch-deutsche Vereinigung leitete die dritte Blütezeit des Oberzentrums ein, das vom Rand in das Herz Deutschlands rückte.
Kehren wir zurück zu Sturmius auf dem Frauenberg, seit 1623 ein Franziskanerkloster, unter dem sich das Barockviertel mit Dom, Stadtschloss, Orangerie und Schlossgarten ausbreitet. Der Dom, Grabeskirche des Bonifatius, und die Michaelskirche, einst Totenkapelle des Klosters, sind Brücken, die Jahrtausende verbinden. Wo sich heute der zwischen 1704 und 1712 von Johann Dientzenhofer errichtete Prachtbau erhebt, stand einst die gewaltige Ratgar-Basilika (812 bis 819), das größte Gotteshaus nördlich der Alpen. Aus dem frühen 9. Jahrhundert stammt auch die Michaelskirche.

1

2

Die berühmten Vier

Im Stadtschloss residierten einst die Fürstbischöfe, heute ist dort die Stadtverwaltung untergebracht. An glanzvolle Tage erinnern die beeindruckenden historischen Räume. Zwischen dem Schloss und der prächtigen Orangerie liegt der Schlossgarten, eine entzückende Anlage, in der sich barocke und englische Gartenbaukunst vereinen. Das Stadtschloss wird beschützt und bewacht von Bonifatius, dem im 19. Jahrhundert ein überlebensgroßes Denkmal gesetzt wurde.
Fulda ist reich an Sehenswürdigkeiten: Neben den zahlreichen Museen beeindrucken das Paulustor, die Benediktinerinnnenabtei St. Maria, das Alte Rathaus mit seiner außergewöhnlichen Architektur, die Stadtpfarrkirche mit ihrer 1000-jährigen Geschichte und die gesamte mittelalterliche, liebevoll restaurierte Altstadt.

Oberzentrum zwischen Rhön und Vogelsberg

1. *Der von Johannes Dientzenhofer gebaute Dom zu Fulda – ein Kleinod barocker Sakralarchitektur.*
2. *Das alte Rathaus von Fulda mit seinen Erkern und Arkaden überragt den Borgiasplatz*

Barocke Lebensfreude

In Fulda, das weit über 60.000 Einwohner zählt, begegnen sich Vergangenheit und Gegenwart, barocke Lebensfreude und heilsame Ruhe, die man nicht nur im Schlossgarten findet. Fulda ist eine grüne Stadt mit Bäumen, Blumen, Brunnen, Wiesen und einem Fluss, in dessen Auen es sich trefflich wandeln lässt. Der Weg des Besuchers sollte unbedingt vor die Tore der Stadt zu Schloss Fasanerie führen. Die ehemalige Sommerresidenz der Fuldaer Fürstbischöfe, bedeutendste barocke Bauanlage des Fuldaer Landes und seit 1928 Eigentum der Kurhessischen Hausstiftung, birgt kostbare Sammlungen und lockt mit einem 40 Hektar großen Park voll zauberischer Schönheit.
Von der Stadt aus nicht zu übersehen ist der Petersberg, auf dem Rabanus Maurus ein Kloster samt Kirche errichten ließ. In der Propsteikirche St. Peter ruht die Heilige Lioba, Äbtissin und Verwandte des Apostels der Deutschen, die Bonifatius ihren „liebenswerten Bruder" nannte. Womit sich der Kreis schließt. Sturmius wäre heute hochzufrieden mit seinem Werk und „seiner" Stadt, die von Bergkirchen und Klöstern umringt auf sieben Hügeln liegt. Auch das hat Fulda mit Rom gemeinsam.

3

3. Wieso? Weshalb? Warum? – In der Kinderakademie erhalten die Kleinsten Antworten auf alle ihre Fragen.
4. Fulda, eine Stadt mitten im Grünen.

Von Fulda nach Bad Kissingen

Bevor es heißt, dem hessischen Teil der Rhön Adieu zu sagen, sollte man bei der Fahrt durch das schöne Fuldatal die Augen offen halten. Denn sie führt vorbei an zahlreichen alten Bildstöcken und historischen Wegkreuzen, aus denen die Frömmigkeit der Rhönbewohner spricht. Gersfeld wartet mit schmucken Fachwerkhäusern und den Schlössern des Adelsgeschlechts der Ebersberger auf. Besonderer Blickfang ist die barocke evangelische Kirche aus dem 18. Jahrhundert mit ihrem kunstvollen Hauptportal, ihrer beachtlichen Rokokoausstattung und dem herrlichen Orgelprospekt, das Gäste der Rhönstadt ebenso staunen lässt wie die herrliche Natur, in die man von hier aus auf unterschiedlichsten Wegen starten kann. Doch nun ins Fränkische – nach Bischofsheim an der Rhön, wo die älteste deutsche Holzschnitzschule zu Hause ist. Wahrzeichen des liebenswerten Luftkurortes ist der spätromanische Zehntturm. Weiter geht's hinauf auf den Kreuzberg. Dort brauen die Franziskaner des Klosters seit 1731 ein schmackhaftes Bier. Der „Heilige Berg" ist Ziel vieler Pilger, denn auf dem erloschenen Vulkan mit seiner Basaltdecke errichtete der heilige Kilian das erste christliche Kreuz auf fränkischem Boden. Der Würzburger Bischof Julius Echter ließ im 16. Jahrhundert an ebenjener Stelle drei Kreuze aus Stein erstehen, was den Sieg des Glaubens weithin sichtbar machen sollte. Auch für ihr traditionsreiches Bäderwesen ist die Rhön bekannt.

In Bad Brückenau genoss Bayernkönig Ludwig I. manchen Sommer, unter anderem mit seiner Geliebten Lola Montez, und noch heute lässt sich im Kurpark trefflich flanieren. Das gilt auch für das beschauliche Bad Bocklet, dessen Heilquelle die Würzburger Fürstbischöfe schätzten. In Bad

Zwischen Hessen und Bayern

1. *In der Rhön können Stadtkinder die Schönheiten der Natur hautnah erleben.*
2. *Eingebettet in die atemberaubende Schönheit der Rhön liegt Bad Brückenau.*

Neustadt sind Schloß Neuhaus, der Zwinger an der Stadtmauer sowie das Wahrzeichen, das 34 Meter hohe Hohntor, sehenswert.

Von Bad Kissingen nach Hammelburg

Zu den Kurgästen Kissingens zählten Zar Alexander II., Reichskanzler Otto von Bismarck, der russische Schriftsteller Leo Tolstoi und der italienische Komponist Giacomo Rossini. Auch die österreichische Kaiserin Sissi samt Gatte Kaiser Franz Joseph kam gern hierher, genoss frische Luft und gesundes Heilwasser. Die Stadt war und ist weltoffen, das spiegelt sich im Glanz der historischen Kuranlage und kommt nicht zuletzt in den Musikveranstaltungen des „Kissinger Sommers" und des „Kissinger Winterzaubers" zum Ausdruck, bei denen sich internationale Stars ein Stelldichein geben.

Von Hammelburg nach Würzburg

Auch Hammelburg, das Tor zum fränkischen Weinland, verdient eine längere Rast. Frankens älteste Weinstadt gehörte einst zur Abtei Fulda. Sehr einladend ist der Marktplatz, in dessen Mitte ein herrlicher Renaissancebrunnen steht. Und wer hinauffährt zum 800 Jahre alten Schloss Saaleck, der kann nicht nur weit ins Land schauen, sondern schon manch guten Tropfen verkosten. Würzburg ist nicht mehr weit.

3. Der Marktplatz von Hammelburg ist ein Musterbeispiel fränkischer Renaissancearchitektur.
4. Das Schloss Saaleck über Hammelburg ist ein Geheimtipp für Weinkenner.

3

4

Alsfeld
Grebenau
Schlitz
Lauterbach (Hessen)
Herbstein
Fulda
Fulda
Hünfeld
Geisa
Dermbach
Stadtlengsfeld
THÜRINGEN
Werns-hausen
Breitungen
Tambach-Dietharz
Schmalkalden
Wasungen
Steinbach-Hallenberg
Zella-Mehlis
Suhl
Empferts-hausen
Kalten-nordheim
Tann (Rhön)
Meiningen
Rhön
Wasserkuppe
950 m
Fladungen
Themar
HESSEN
Gersfeld (Rhön)
Ostheim v.d.Rhön
Mellrichstadt
Bischofsheim
Römhild
Gedern
Schlüchtern
Bad Neustadt a.d.Saale
Bad Königshofen im Grabfeld
Bad Soden-Salmünster
Steinau a.d.Straße
Bad Brückenau
Wächtersbach
Geln-hausen
Bad Orb
Münnerstadt
Bad Kissingen
Unterfranken
Hofheim i. Ufr.
BAYERN
Hammelburg
Gemünden a.Main
Rieneck
Schweinfurt
Haßfurt
Zeil a.Main
Spessart
Aschaffen-burg
Lohr a.Main
Karlstadt
Arnstein
Steigerwald
Rothenfels
Main
Markt-heidenfeld
Gerolzhofen
Volkach
Stadtprozelten
Dettelbach
Würzburg
Wertheim
Main
Freudenberg
Kitzingen
Iphofen
Eibelstadt
Main-bernheim
Miltenberg
Marktbreit
Tauber-bischofsheim
Ochsen-furt
Amorbach
Walldürn
BADEN-WÜRTTEMBERG
Lauda-Königshofen
Aub
N
0
10
20
30 km

Der großzügige Kurpark von Bad Brückenau ist seit dem 19. Jahrhundert der Dreh- und Angelpunkt für Kurgäste aus aller Welt.

Tipp:
Frankenwein und Barock in der ältesten Weinstadt Frankens – einfach himmlisch.

Das Schloss und Weingut Saaleck bei Hammelburg. An den sanften Hängen des Tales wächst und gedeiht der herzhaft-trockene Frankenwein, den man traditionell nur im Bocksbeutel findet.

Das bayerische Staatsbad Bad Kissingen ist bekannt für sein beinahe mediterran-mildes Klima und seine reizvollen Kuranlagen.

1

Kunst und Kongresse

2

Wer Würzburg besucht und die Alte Mainbrücke entlangschlendert, der sucht unter den steinernen Heiligen den Bonifatius zwar vergebens, doch lässt eine Skulptur mit verwegenem Blick zumindest einen Moment lang an den englischen Missionar denken. Die Figur mit Schwert und segnender Gebärde stellt den heiligen Kilian dar, der Jahrzehnte vor Winfried den christlichen Glauben nach Mainfranken getragen hat und hier seit Jahrhunderten als Schutzpatron verehrt wird. Das Fest, das die Würzburger zu Kiliani im Juli feiern, ist nur ein Ausdruck davon – wenn auch der feuchtfröhlichste.

Fränkische Perle am Main

1. *Geprägt von architektonischer Vielfalt – das alte Würzburg am Main.*
2. *Im süddeutschen Raum gilt ihm eine besondere Wertschätzung – der Heilige Kilian vor der Silhouette der Festung Marienberg.*
3. *Der Main war bereits im frühen Mittelalter die Lebensader von Würzburg.*

Der Bonifatius-Vorgänger

Bei aller Wertschätzung für den iroschottischen Geistlichen, der 689 während seiner Missionstätigkeit mit seinen Gefährten ermordet wurde, sollte eines bedacht werden: Ohne das kluge Wirken des Bonifatius' wäre heute der Name seines Vorgängers vergessen. Denn die von Kilian gestiftete christliche Gemeinschaft im fränkischen Herzogsitz war im 8. Jahrhundert noch ein zartes Pflänzchen

3

– bedroht von wieder aufkeimenden heidnischen Bräuchen und manchen Kirchenvertretern, die mehr an sich denn an den Glauben dachten. Um ihn zu festigen und die Kirche zu reformieren, gründete der damals fast 70-jährige Bonifatius 742 mit der Unterstützung des ostfränkischen Herrschers Karlmann für das südliche Thüringen den Bischofssitz Würzburg und sprach diesen seinem angelsächsischen Mitstreiter Burkard zu.

Wie sehr die Kirche seither das Gesicht der im Zweiten Weltkrieg nahezu zerstörten Stadt geprägt hat, lässt sich dank des gelungenen Wiederaufbaus Würzburgs an vielen eindrucksvollen Bauten ablesen: beispielsweise an der Basilika St. Burkard, am romanischen St. Kiliansdom, an der gotischen Marienkapelle, der barocken Wallfahrtskirche St. Maria auf dem Nikolausberg, die bei den Einheimischen liebevoll das „Käppele“ heißt, und natürlich an der Festung Marienberg, die Fürstbischöfe ab dem 13. Jahrhundert erbauen und erweitern ließen.

Barocke Pracht und märchenhafter Zauber

1. Das Residenzschloss der Würzburger Fürstbischöfe bildet den Hintergrund für ausgewählte Veranstaltungen wie das Mozartfest.

Die Riemenschneider-Sammlung

Heute findet sich hier unter anderem das Mainfränkische Museum mit der größten Sammlung von Werken des Holzbildhauers Tilman Riemenschneider. Von der Feste aus hat man einen wunderbaren Blick über die florierende Tagungs- und Kongressstadt, die ein internationales Publikum anzieht. Die weltberühmte

Residenz ist ein Muss für die Gäste. Johann Philipp Franz von Schönborn gab sie nach seiner Wahl zum Fürstbischof bei Balthasar Neumann in Auftrag. Der gelernte Glockengießer und Architekt aus Leidenschaft schuf im 18. Jahrhundert einen Schlossbau, der als Paradebeispiel des süddeutschen Barock gilt. Allein der Besuch des Treppenhauses mit dem Deckenfresko von Giovanni Battista Tiepolo wird zum bleibenden Erlebnis.

4

Wissensdurst und Weingenuss

Für Kunst und Wissenschaft macht sich Würzburg, wo der Minnesänger Walther von der Vogelweide begraben ist, nach wie vor stark. Die Universitätsstadt genießt hohes Ansehen und ist auf acht Nobelpreisträger stolz, unter ihnen Wilhelm Conrad Röntgen, der hier die nach ihm benannten Strahlen entdeckte. Das Museum im Kulturspeicher, das neue Museum am Dom oder das Mainfranken-Theater ziehen Interessierte an, ebenso wie das Mozartfest oder das Festival „Umsonst und Draußen".
Zur Kultur gehört untrennbar der Wein, den man überall genießen kann: nach einem Bummel in der Fußgängerzone, einem Blick auf das schmucke „Haus zum Falken" mit seiner reichen Rokokofassade oder einem erholsamen Spaziergang am Main. Und kehrte Bonifatius im Juliusspital ein, so würde er über die Gastfreundschaft staunen.

2. *Würzburg war schon immer ein bedeutender Handelsplatz und beliebter Treffpunkt für Kaufleute.*
3. *Von der mittelalterlichen Burg zur barocken Großfestung – auf dem Marienberg treffen Fortifikationsstile aus allen Epochen zusammen.*
4. *Der romanische Kiliansdom ist eines der ältesten erhaltenen Bauwerke der Stadt.*

Von Würzburg nach Ochsenfurt

Nach dem Abschied von Würzburg das Städtchen Veitshöchheim nicht gesehen zu haben wäre eine kleine Sünde. Von Ostern bis Ende Oktober werden von Würzburg aus Ausflugsfahrten per Schiff auf dem Main angeboten, die an der Anlegestelle am Alten Kranen starten. In einer dreiviertel Stunde gelangt man so zur fürstbischöflichen Sommerresidenz und kann durch den hübschen Rokokogarten spazieren, ehe es wieder auf dem Wasser zurückgeht. Je nachdem, welchen Weg man nach Eichstätt wählt, sollte man einige Stationen nicht auslassen. Ochsenfurt zum Beispiel, dessen Geschichte ebenfalls mit Bonifatius verbunden ist. Nachdem der Kirchenmann seiner Verwandten Lioba die Leitung des Frauenklosters in Tauberbischofsheim übertragen hatte, ernannte er die Nonne Thekla, eine Verwandte Liobas, zur Äbtissin der Klöster Kitzingen und eben Ochsenfurt. Dort trifft man auf einen idyllischen Marktplatz und auf ein spätgotisches Rathaus, das eine eigenwillige Kunstuhr ziert. Fachwerkfassaden machen den Charme des altfränkischen Ortes aus. Auch die Pfarrkirche St. Andreas ist sehenswert. Sie beherbergt die Figur eines heiligen Nikolaus – eine Arbeit des Holzbildhauers Tilman Riemenschneider.

Erlebte Geschichte rund um die romantische Straße

1. *Mit dem Maindampfer auf den Spuren von Bonifatius.*
2. *Die fürstbischöfliche Sommerresidenz ist ein Paradebeispiel des Rokoko in der Region.*

Von Ochsenfurt nach Rothenburg ob der Tauber

Rothenburg ob der Tauber ist für viele der Inbegriff mittelalterlicher Romantik. Die Stadt, von einer wehrhaften Mauer umgeben, ist stets voll von Touristen aus aller Welt. Alle wollen das „Plönlein" sehen, den Platz mit dem Siebersturm und dem Turm des Kobolzeller Tores, das im Einklang mit den alten Fachwerkhäusern und dem Brunnen eines der beliebtesten Postkartenmotive Deutschlands ist. Auch in Rothenburg begegnet man in der St.-Jakobs-Kirche einem Werk von Tilman Riemenschneider: seinem Heilig-Blut-Altar. Wer es gruselig mag, der kann sich im mittelalterlichen Kriminalmuseum Folter- und Hinrichtungsinstrumente anschauen.

Von Rothenburg ob der Tauber nach Eichstätt

Auch die alte Reichsstadt Dinkelsbühl mit dem Münster St. Georg, Ansbach mit der Markgräflichen Rokokoresidenz sowie Weißenburg mit seinem turmreichen Mauerring und der gotischen St.-Andreas-Kirche laden zu Besuchen ein, wenn man sich auf Bonifatius' Spuren auf den Weg nach Eichstätt macht. Wer viel Zeit mitbringt, der sollte einen Ausflug nach Nürnberg unternehmen, denn die Altstadt ist zu jeder Jahreszeit ein Anziehungspunkt – auch im Winter, wenn der traditionelle Christkindlesmarkt mit „Wöescht" und Lebkuchen lockt.

3

4

5

3. *Im romantischen Rothenburg ob der Tauber fühlt man sich auf direktem Weg ins Mittelalter zurückversetzt.*
4. *Die malerischen Gassen und Winkel von Rothenburg sind vor allem für Kinder ein ganz besonderes Erlebnis.*
5. *Der weltberühmte Christkindlesmarkt in der alten Reichsstadt Nürnberg.*

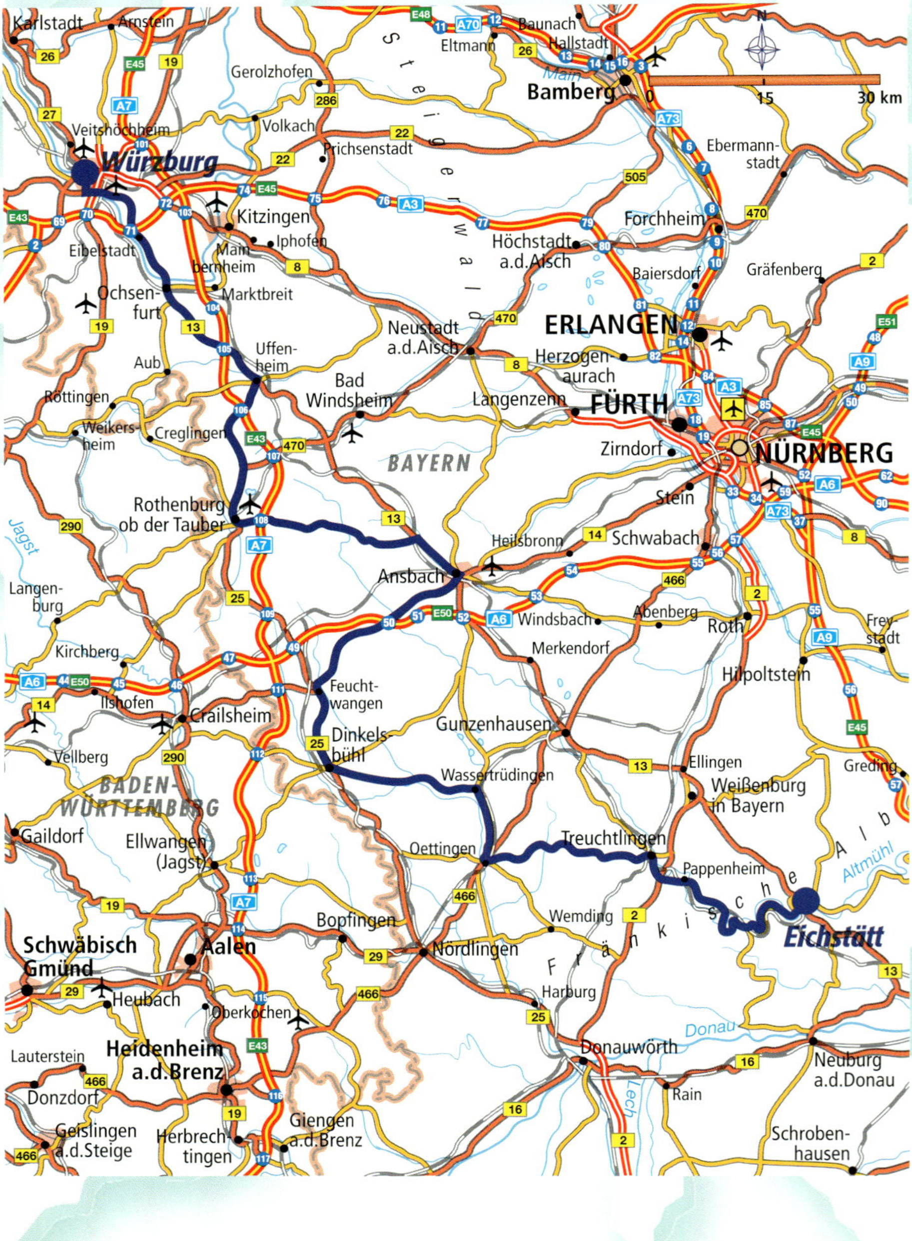
Karlstadt
Arnstein
Gerolzhofen
Steigerwald
Eltmann
Baunach
Hallstadt
Main
Bamberg
0
15
30 km
Veitshöchheim
Würzburg
Volkach
Prichsenstadt
Ebermann-
stadt
Kitzingen
Iphofen
Forchheim
Eibelstadt
Main-
bernheim
Höchstadt
a.d.Aisch
Baiersdorf
Gräfenberg
Ochsen-
furt
Marktbreit
Neustadt
a.d.Aisch
ERLANGEN
Aub
Uffen-
heim
Bad
Windsheim
Herzogen-
aurach
Röttingen
Langenzenn
FÜRTH
Weikers-
heim
Creglingen
Zirndorf
NÜRNBERG
BAYERN
Rothenburg
ob der Tauber
Stein
Jagst
Heilsbronn
Schwabach
Ansbach
Langen-
burg
Windsbach
Abenberg
Roth
Frey-
stadt
Kirchberg
Merkendorf
Hilpoltstein
Feucht-
wangen
Ilshofen
Crailsheim
Gunzenhausen
Dinkels-
bühl
Vellberg
Ellingen
Greding
BADEN-
WÜRTTEMBERG
Wassertrüdingen
Weißenburg
in Bayern
Gaildorf
Ellwangen
(Jagst)
Oettingen
Treuchtlingen
Pappenheim
Altmühl
Fränkische Alb
Eichstätt
Wemding
Bopfingen
Schwäbisch
Gmünd
Aalen
Nördlingen
Heubach
Harburg
Oberkochen
Donau
Lauterstein
Heidenheim
a.d.Brenz
Donauwörth
Neuburg
a.d.Donau
Donzdorf
Rain
Lech
Geislingen
a.d.Steige
Herbrech-
tingen
Giengen
a.d.Brenz
Schroben-
hausen

Nur einen Katzensprung von Würzburg entfernt finden wir auf unserer Route das zauberhafte Städtchen Kitzingen mit seiner sehenswerten Altstadt. Kitzingen ist als Zentrum des fränkischen Weinhandels speziell bei Weinkennern ein Begriff.

Das idyllisch an den Ufern des Mains gelegene Veitshöchheim mit einer sehenswerten Schlossanlage und wunderschönen Parklandschaften ist die ideale Zwischenstation, um die Menschen in Franken näher kennen zu lernen.

Ansbach war über viele Jahrhunderte Herrschaftssitz der Markgrafen von Brandenburg-Ansbach. Aus dieser Zeit sind neben dem Schloss viele weitere Bauten erhalten geblieben, die Auskunft über die einstige Macht geben, die von Ansbach ausging.

In Rothenburg ob der Tauber findet der Besucher eine der wenigen in Deutschland komplett erhaltenen Stadtbefestigungen aus dem Mittelalter. Besonders sehenswert ist das alte Renaissance-Rathaus auf dem Marktplatz.

HOTEL ADLER
Tabak-Presse

Ausflüge in die Geschichte des Altmühltals

Als Bonifatius im Jahre 740 mit seinem Verwandten Willibald das Altmühltal durchschritt, muss es dort öde und trostlos gewesen sein. Wo der Fluss eine Schleife zieht und heute Eichstätt liegt, dürften von der ehemals keltischen Siedlung kaum mehr als Ruinen und eine Marienkirche übrig gewesen sein. Doch der Missionar und sein Gefährte brachten mit dem Glauben wieder Leben in den Ort, dessen Name sich vom keltischen „einstedd" ableitet, was so viel wie Wohnstätte bedeutet. Denn Bonifatius leitete aus der Landschenkung des bayerischen Grafen Suitger für sich die Verpflichtung ab, im Altmühltal eine weitere Basis zur Festigung des Glaubens zu schaffen. 741 erhob er Eichstätt zum Bischofssitz für den bayerischen Nordgau und setzte seinen Getreuen ein, um die Geschicke des Bistums in seinem Sinne und in der engen Bindung an Rom zu lenken. Das tat Willibald bis zu seinem Tod 787. Schnell wurde sein Grab zum Ziel vieler Pilger, ebenso wie das seiner Schwester Walburga, die auf Bonifatius' Weisung das Kloster Heidenheim geführt hatte und deren Gebeine nach Eichstätt überführt worden waren.

Rückblick in eine bewegte Vergangenheit

1. *Der barocke Brunnen mit der Statue des hl. Willibald auf dem Eichstätter Marktplatz.*
2. *Das beschauliche Altmühltal war in früheren Zeiten ein wichtiger Verkehrsweg.*
3. *Hoch über dem Altmühltal war die stark befestigte Willibaldsburg ein weithin sichtbares Herrschaftssymbol.*

Die Willibaldsburg

Die Erinnerung an den ersten Bischof von Eichstätt ist lebendig. Davon kündet – weithin sichtbar – die Willibaldsburg hoch über der Stadt. Von hier aus regierten vom 14. bis ins

1

18. Jahrhundert die geistlichen Herrscher Stadt und Land. Heute sind hier im Jura-Museum Überreste ausgestorbener Tier- und Pflanzenarten vereint, die – im Kalk des Jura eingeschlossen – die Jahrtausende überdauert haben. Unter den Exponaten ist auch ein Exemplar des berühmten Archaeopteryx, jenes Urvogels, der nicht nur die Experten, sondern auch immer wieder die Fantasie der Besucher beflügelt. Weitere Originalfossilien sind im Museum Bergér in der Stadt zu bestaunen. Ebenfalls in der Willibaldsburg untergebracht ist das Museum für Ur- und Frühgeschichte. Es zeichnet anhand seines Bestandes die Entwicklungsgeschichte der Region von der Steinzeit bis zum Frühmittelalter nach und lässt vom Mammutskelett über römische Funde bis hin zur merowingischen Grabanlage Geschichte greifbar werden. Der Bastionsgarten ist Teil des „Hortus Eystettensis" aus dem 17. Jahrhundert.

2
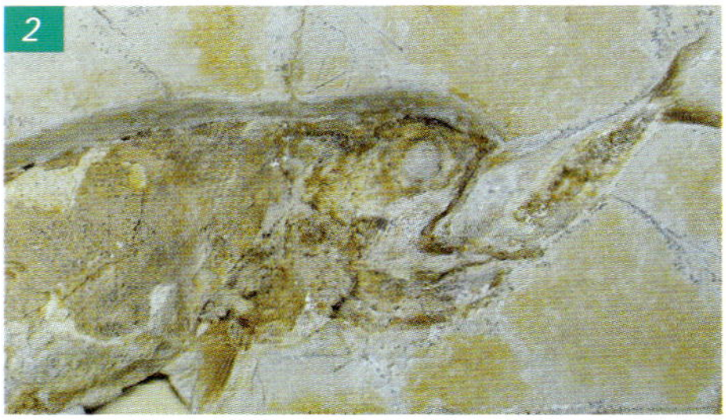

Fundgrube für Geschichtsinteressierte

1. *Kontemplative Stille im inneren der barocken Kapuzinerkirche.*
2. *Eins der Fossilien der weltberühmten Solnhofener Plattenkalke, die in den Steinbrüchen der Umgebung abgebaut werden.*
3. *Der zauberhafte Bastionsgarten ermöglicht einen guten Blick auf das alte Eichstätt.*

3

Frischer Wind in fürstlichen Bauten

Die kostbaren Ausstellungsstücke im Domschatz- und Diözesanmuseum dokumentieren, dass Eichstätt dank Bonifatius' und Willibalds Wirken zu einer beachteten Bischofsstadt heranwuchs. Davon künden zudem der Dom, der von der Romanik bis zum Rokoko die unterschiedlichsten Baustile vereint: St. Walburg mit dem gotischen Grabaltar von Martin Barbieri, die barocke Kapuzinerkirche mit der Nachbildung des Heiligen Grabes, die Schutzengelkirche oder auch Kloster Rebdorf. Fürstbischöflicher Glanz geht vom wohlgestalteten Residenzplatz aus, den Gabriel de Gabrieli und Maurizio Peditti schufen. Wo einst die Fürstbischöfe von Eichstätt im Sommer residierten, da befindet sich heute die Verwaltung der einzigen Katholischen Universität Deutschlands. Die Hochschule, auf die der bildungsbeflissene Bonifatius mit Freude blicken würde, zieht Studenten aus nah und fern an. Kein Wunder, denn hier lässt es sich gut lernen und leben. Und wer Entspannung sucht, der findet sie bei einem Spaziergang im Hofgarten oder einem Plausch vor dem barocken Brunnen am Marktplatz, von dem herab der heilige Willibald über Eichstätt wacht. So wie es ihm Bonifatius aufgetragen hatte.

4. Eine stilistisch klare Linienführung ist charakteristisch für den Eichstätter Dom.
5. Das Leben und Wirken von Bonifatius ist auch in Eichstätt durch eine Vielzahl von Kunstwerken dokumentiert.

1

2

Von Eichstätt nach Beilngries

Wer gerne an der frischen Luft aktiv ist, der hat in und um Eichstätt reichlich Gelegenheit dazu: beim Radfahren und Wandern im Naturpark Altmühltal, beim Angeln oder bei einer Kanu- oder Kajaktour auf der Altmühl.
Auf dem Weg nach Regensburg ist ein Stopp in Beilngries angeraten. Hier fließen Sulz und Altmühl zusammen; im Norden begrenzt der Main-Donau-Kanal die Stadt, deren Erscheinungsbild geprägt ist durch die Stadtpfarrkirche St. Walburg und die Türme der einstigen Stadtmauer. Da der Ort lange zum Hochstift Eichstätt gehörte, wundert es nicht, dass die Baumeister, die den Bischofssitz an der Altmühl mit Glanz überzogen, auch in Beilngries für Schmuckstücke im Stil des Barock und des Rokoko sorgten. Fürstbischöfliche Residenz war Schloss Hirschberg hoch über der Stadt. Museen gibt es selbstverständlich auch, darunter das Brauerei- und das Spielzeugmuseum.

Mit frischem Elan weiter durch eine atemberaubende Landschaft

1. *Eine Wanderung durch das beschauliche Altmühltal ist ein wahres Fest für die Sinne.*
2. *Am Zusammenfluss von Sulz und Altmühl in Beilngries bietet sich besonders im Sommer ein Ausflug mit dem Schiff an.*

Von Beilngries nach Kelheim

In Beilngries wartet mit dem Main-Donau-Kanal ein wunderbarer Wasserweg quasi vor der Tür. Da sollte man unbedingt einen Ausflug per Schiff unternehmen. Zumal die Personenschifffahrt im Donau- und Altmühltal ein breites Angebot von organisierten Kurz- und Tagestouren

bereithält. Nach Dietfurt zum Beispiel, das mehr als eine barocke Pfarrkirche und das Altmühltaler Mühlenmuseum zu bieten hat: Zur Faschingszeit verwandelt sich der Ort in Bayerisch-China. Eine Ausstellung im Rathaus erzählt vom traditionellen Chinesenfasching.
Riedenburg ist für sein Kristallmuseum bekannt. Es beherbergt die weltweit größte Bergkristallgruppe. Und auf dem Weg nach Kelheim kommt man an Schloss Prunn vorbei, das über dem Altmühltal thront.

3

Von Kelheim nach Regensburg

Die alte Herzogstadt Kelheim ist berühmt für ihre Gastfreundschaft. Von hier aus ist es nicht weit zur Befreiungshalle, die König Ludwig I. in Auftrag gab und für deren klassizistisches Erscheinungsbild auch Leo Klenze verantwortlich zeichnet. Naturfreunde werden sich am Donaudurchbruch treffen. Barockfans und Biertrinker kommen im Benediktinerkloster Weltenburg auf ihre Kosten. Denn zum einen stammt die schmucke Abteikirche von den Brüdern Asam; zum anderen erwartet uns hier die älteste Klosterbrauerei der Welt, deren Bier niemand verschmähen sollte. Doch nicht zu viel des Guten – schließlich wartet nach der Rückkehr nach Kelheim bald schon Regensburg.

4

3. *Uneinnehmbar thront die Burg Prunn auf ihrer markanten Felsplattform.*
4. *Nahe an Regensburg gelegen, ist die Befreiungshalle ein Musterbeispiel des Klassizismus.*
5. *Eingebettet in eine bizarre Felsen- und Flusslandschaft – das Kloster Weltenburg.*

ERLANGEN
NÜRNBERG
Hersbruck
Röthenbach a.d.Pegnitz
Stein
Schwabach
Roth
Hilpoltstein
Ellingen
Weißenburg in Bayern
Pappenheim
Eichstätt
Greding
Berching
Beilngries
Dietfurt a.d.Altmühl
Riedenburg
Neumarkt i.d.OPf.
Freystadt
Sulzbach-Rosenberg
Hirschau
Schnaittenbach
Amberg
Oberviechtach
Oberpfälzer Wald
Neunburg vorm Wald
Schwandorf
Teublitz
Burglengenfeld
Nittenau
Regen
Naab
Velburg
Parsberg
Hemau
BAYERN
Fränkische Alb
Regensburg
Neutraubling
Kelheim
Geiselhöring
Altmühl
Donau
Neustadt a.d.Donau
Abensberg
INGOLSTADT
Neuburg a.d.Donau
Hallertau
Mainburg
Schrobenhausen
Pfaffenhofen a.d.Ilm
Aichach
Friedberg
AUGSBURG
Freising
Moosburg a.d.Isar
Landshut
Vilsbiburg
Isar
0 10 20 30 km

In der alten Festungsstadt Ingolstadt finden sich noch heute viele Relikte und Fortifikationsanlagen aus den verschiedensten Epochen.

In der historischen Altstadt von Kelheim haben gepflegte Gastlichkeit und leckere Spezialitäten aus der Region ihren festen Platz.
Das Kloster Weltenburg lässt sich auch ganz bequem mit dem Boot oder dem Kanu erreichen.

1

Porta Praetoria, Patrizierburgen und italienisches Flair

Ein Mönch aus Regensburg war es, der sich im 11. Jahrhundert um das Andenken von Bonifatius verdient machte: Othloh von St. Emmeram überarbeitete die Vita, die der Priester Willibald verfasst hatte. Der Theologe ergänzte sie um viele Details, auf die er bei seinen Recherchen im Briefwechsel des Bonifatius gestoßen war. In Othlohs klösterlicher Heimat Regensburg hatte der angelsächsische Missionar – unterstützt durch Bayernherzog Odilo – im Jahre 739 den alten Bischofssitz neu eingerichtet, um den Glauben zu stärken und die bayerische Kirche an Rom zu binden. Der „Vater aller Bewohner Deutschlands“, wie Othloh Bonifatius in der Lebensbeschreibung nennt, hatte mit seinem klugen Schachzug den gewünschten Erfolg.

2000 Jahre Geschichte gibt es in Regensburg zu erkunden. Die Römer hatten hier ein Legionslager, Castra Regina genannt. Die Porta Praetoria und Funde im Römermuseum gewähren einen Eindruck vom Altertum an der Donau. Das Mittelalter spricht aus Repräsentativbauten wie dem gotischen Rathaus, aus Patrizierburgen und dem Alten Kornmarkt. Die Stadt mit dem Doppeladler im Wappen war

Alte Handelsstadt an der Donau

1. *Der Rathausplatz ist für die Regensburger nicht nur ein geographischer Mittelpunkt.*
2. *Das alte gotische Rathaus mit seinem malerischen Erker.*
3. *Die Brücken über die Donau machten die Stadt zu einem Tor in die Handelswelt.*

zwischen 1663 und 1806 Sitz des „Immerwährenden Reichstags". Gesandte aus dem In- und Ausland lebten hier, kamen im Alten Rathaus zusammen, das auch heute noch internationaler Treffpunkt ist. Allerdings sind die Gäste aus aller Welt dort nicht mehr in diplomatischen Angelegenheiten unterwegs, sondern wollen das Reichstagsmuseum besuchen oder sich in der Touristeninformation Tipps abholen. Ob man am Haidplatz einen Kaffee genießt, die Donau entlangradelt oder über die Steinerne Brücke flaniert: Immer spürt man weltläufiges Flair. Und im Sommer durchweht die viertgrößte Stadt Bayerns ein Hauch von Italien.

Donaustadt zwischen Tradition und Innovation

Bio- und Informationstechnologie, Handwerk und Handel sind wichtige Einnahmequellen. Auch Universität und Fachhochschule mit 20.000 Studierenden bestimmen das Bild entscheidend mit. Die jungen Leute sorgen dafür, dass in Regensburg „die Post abgeht". Dafür waren im eigentlichen Wortsinne früher die Angehörigen des fürstlichen Hauses Thurn und Taxis zuständig. Denn ihnen oblag das gewinnbringende internationale Postwesen. Ihren einstigen Reichtum dokumentieren das fürstliche Schloss, das auf dem Klosterbau von

Eine gelungene Mischung aus Tradition und Moderne

1. *Der historische Stadtkern von Regensburg bildet auch heute noch eine kompakte Einheit.*
2. *Buntes Markttreiben vor historischer Kulisse auf dem Haidplatz.*
3. *Leben und studieren in einer vitalen Stadt – die moderne Universität von Regensburg.*

4. Die Bachgasse – urbanes Leben von seiner angenehmsten Seite.
5. Die mächtigen Türme des Regensburger Doms sind ein überragendes Wahrzeichen.

St. Emmeram aufbaut, sowie Porzellan, Möbel und Uhren aus den Kunstsammlungen des Fürstenhauses, die im Thurn und Taxis Museum am Emmeramsplatz ausgestellt sind.
Nur ein paar Schritte davon entfernt öffnen sich Domschatzmuseum und Diözesanmuseum St. Ulrich. Hier kann man anhand der Exponate die Geschichte des von Bonifatius reformierten Bistums Revue passieren lassen. Zu seiner Historie gehört auch die Gründung des „Bonifatiusvereins" im Jahre 1849, der sich als „eigener Missionsverein in und für Deutschland" verstand. Heute firmiert er unter dem Titel „Bonifatiuswerk der deutschen Katholiken" und hat seinen Sitz in Paderborn.
Das tut freilich der Erinnerung an den Missionar in der heutigen Heimat der „Regensburger Domspatzen", eines international renommierten Knabenchores, keinen Abbruch. Dafür sorgen schon besagte Türme des Regensburger Domes. Sie deuten wie ein mächtiger Fingerzeig auf die Kathedralkirche, die dem heiligen Petrus geweiht ist, dem Urvater aller Päpste. Die Türme sind auch ein weithin sichtbares Zeichen der Bindung Bayerns an Rom, die Bonifatius erreicht hat.

1

Die Donau entlang zur „Drei-Flüsse-Stadt"

Nachdem wir Regensburg, die Stadt, in der Donau, Naab und Regen zusammenfließen, verlassen haben, führt der Weg auf den Spuren des Bonifatius in südwestlicher Richtung die Donau entlang. Die erste Station heißt Straubing. Wahrzeichen der Stadt ist der mächtige frei stehende gotische Stadtturm aus dem 13. Jahrhundert. Wer es mit Goethe hält und in einer fremden Stadt den höchsten Turm besteigt, der kann sich mit eigenen Augen ein Bild von Straubing machen und seinen Blick über das gewachsene Stadtbild wandern lassen.

Die Baukunst der frühen Neuzeit

Man kann jedem Besucher nur ans Herz legen, sich bei seinem Stadtrundgang auch der spätgotischen Jakobskirche zu widmen. Sie gilt als eine der schönsten bayerischen Hallenkirchen und vermittelt einmalige Einblicke in die Baukunst der frühen Neuzeit. In Straubing überqueren wir die Donau und folgen dem nördlichen Flussufer entlang einer abwechslungsreichen Auenlandschaft nach Deggendorf. Die charmante Kleinstadt eignet sich trefflich als Ausgangspunkt für einen Ausflug in die deutschlandweit einmalige Naturlandschaft des Bayerischen Waldes. Besonders eindrucks-

Hier ist auch der Weg das Ziel

1. *Der gotische Stadtturm von Straubing ist ein Sinnbild urbaner Machtentfaltung.*
2. *Niederbayerische Donauidylle in Deggendorf.*

3

voll: der Urwald im Nationalpark Bayerischer Wald zwischen Zwiesel, Grafenau und Freyung. Auch in Deggendorf gibt es viel zu entdecken. Beispielsweise die pittoreske mittelalterliche Altstadt, die Wallfahrtskirche „zum heiligen Grab" und die imposante dreischiffige Stadtkirche „Mariae Himmelfahrt". Wieder am Südufer der Donau und vorbei an Plattling mit der Mündung der Isar in den großen Strom erreichen wir Osterhofen. Sehenswert ist vor allem die prächtig ausgeschmückte Barockkirche St. Margaretha mit ihren im frühen 18. Jahrhundert ausgeführten prunkvollen Altären.

3. Ein Fest für alle Sinne – die barocke Basilika St. Margaretha in Osterhofen.
4. Kulturelle Vielfalt im Afrikamuseum von Vilshofen.
5. Moderne Kunst in gepflegter Parklandschaft – Vilshofen hat für jeden Geschmack etwas zu bieten.

Afrika in Vilshofen

Nur wenige Kilometer weiter flussabwärts gelangen wir nach Vilshofen. Hier, wo die weitgehend naturbelassene Vils in die Donau mündet, ist der letzte Zwischenstopp vor Passau.
Ein absolutes Muss für jeden Vilshofen-Besucher sind das Afrikamuseum im Kloster Schweiklberg, der moderne Skulpturenpark und die Pfarrkirche St. Johannis. Über die bewaldeten Höhen des Neuburger Waldes oder weiter am Südufer der mächtigen Donau nähern wir uns Passau, der barocken Perle am Zusammenfluss von Donau, Inn und Ilz.

Regensburg
Passau
Neunburg vorm Wald
Wald-münchen
Česká Kubice
Všeruby
Janevice n. Úhl.
Nalžovské Hory
Schwan-dorf
Rötz
Furth im Wald
Nýrsko
TSCHECHISCHE REPUBLIK
Sušice
Teublitz
Cham
Kötzting
Böhmerwald
Rejštejn
Nittenau
Regen
Roding
Gr. Arber
1456 m
Železná Ruda (Markt Eisenstein)
Bayerischer Wald
Viechtach
Zwiesel
Gr. Rachel
1453 m
Kvilda
Wörth a.d.Donau
Regen
Neutraubling
Bogen
Straubing
Grafenau
Deggendorf
Freyung
Geiselhöring
Donau
Plattling
Landau a.d.Isar
Osterhofen
BAYERN
Vils
Vilshofen
Isar
Dingolfing
Landshut
Griesbach i.Rottal
Pfarrkirchen
Vilsbiburg
Pocking
Eggenfelden
Neumarkt St. Veit
Obernberg
Simbach am Inn
Altheim
Mühldorf am Inn
Neuötting
Dorfen
Braunau am Inn
Ried i. Innkreis
Altötting
Mauerkirchen
Lohnsburg
Burghausen
Inn
Mattighofen
ÖSTERREICH
Frankenburg
Ebers-berg
Eggelsberg
Wasserburg am Inn
Salzach
Tittmoning
Moosdorf
Grafing b.München
Trostberg
Lamprechts-hausen
N
0
15
30 km

Straubing und Umgebung haben ihren Besuchern wirklich eine ganze Menge zu bieten. Wer jedoch, so wie wir, nur einen Zwischenstopp einlegt, der findet eine ganze Reihe empfehlenswerter Cafés, Biergärten und gemütlicher Restaurants, in denen er sich entspannen kann.

Die Walhalla ist in der Tat die deutsche „Hall of Fame“, in der viele große Deutsche den ihnen angemessenen Platz für die Ewigkeit gefunden haben. Unübersehbar thront dieser Prachtbau bei Regensburg über der Donau.

Wasser ist das prägende Element der vielen Orte an der Donau, die wir auf unserer Reise streifen. Gleich ob am Zusammenfluss von Donau und Isar bei Plattling oder an den vielen kleinen und großen Gewässern, die diese ursprüngliche Landschaft ausmachen.

1

Frischer Wind in turbulenten Zeiten: Bonifatius in Passau

Flüsse und Ströme waren seit Anbeginn der Menschheit die ersten Europäer. Ungeachtet aller politischen Irrungen und Wirrungen haben sie sich ihren eigenen Weg durch die Länder und Landschaften Europas gesucht, die Menschen miteinander verbunden und selbst unüberwindbar scheinende Hindernisse überwunden.

2

Wenn Flüsse Geschichte bewegen

Wir schreiben das Jahr 739. Fast lautlos bahnen sich die kleinen Fischerboote ihren Weg durch die noch wilde Auenlandschaft am Zusammenfluss von Donau, Inn und Ilz. Das leise Plätschern der Fluten an den Bordwänden und das rhythmische Knarren der Ruder sind die einzigen vom Menschen stammenden Geräusche in dieser urtümlichen Umgebung. Nur noch wenige Ruderschläge, dann hat die kleine Gruppe von unerschrockenen Kirchenmännern um Winfried Bonifatius von Rom kommend ihr Ziel erreicht. Schon seit grauer Vorzeit war Passau – das ehemalige keltische Bojodurum und spätere römische Batava – ein Ort, der den Menschen wichtig war. Strategisch günstig gelegen am Zusammenfluss dreier Flüsse, fanden hier die Kulturen zusammen, gingen von hier geistige Strömungen und neue Ideen aus. Alles in allem der geeignete Ort, um einen exponierten Vorposten des Christentums zu errichten.

Kulturstadt am Wasser

1. *Das traditionsreiche Passau als Märchenkulisse.*
2. *Die „Drei-Flüsse-Rundfahrt" auf Donau, Inn und Ilz ist ein Höhepunkt für jeden Besucher von Passau.*
3. *Diese atemberaubende Ansicht unterstreicht, warum Passau hier und nicht an einem anderen Ort entstanden ist.*

3

1

Auf römischem Kurs

Um das Jahr 739 stand es jedoch mit der christlichen Zivilisation im Reich der Franken nicht zum Allerbesten. Politische Umstände und menschliche Unzulänglichkeiten zehrten an der Überzeugung der Kirchenmänner. Die herrschenden Zustände unter den kirchlichen Würdenträgern brachten sowohl den Papst in Rom als auch seinen Missionsbischof Bonifatius mehr als in Rage. Abhilfe tat Not. Mit ausdrücklicher Billigung des Papstes Gregor III., eines Unterstützers der Ideen von Bonifatius, waren die Probleme recht bald beseitigt. Die alten „Steine des Anstoßes" wurden beiseite geräumt. Der von Bonifatius geweihte Bischof Vivilo brachte das neu organisierte und reformierte Bistum Passau wieder auf den vom Papst gewünschten Kurs. Auf ähnliche Weise sollte Bonifatius auch in Salzburg und Freising verfahren, aber dazu später.

Von diesen tiefgreifenden Umwälzungen im Jahr 739 ist heute in Passau kaum noch etwas zu bemerken. Aus dem einstigen Vorposten ist über die Jahrhunderte hinweg eine pulsierende Kultur- und Universitätsstadt geworden, deren Reiz den Besucher sofort begeistert.

2

Hier lässt es sich leben

1. *Stadtnah wohnen – im Grünen leben. Der Passauer Stadtteil Hals direkt an der friedlichen Ilz.*
2. *Architektonisches Wahrzeichen und spirituelles Zentrum zugleich – der St. Stephansdom inmitten der Altstadt mit der größten Orgel der Welt.*

Zahlreiche beeindruckende Kirchenbauten lassen erahnen, welch herausragende politische und religiöse Position das Großbistum Passau im Laufe der Jahrhunderte eingenommen hat. Mit der Verleihung der Stadtrechte im Jahr 999 erlebte die Stadt einen unaufhaltsamen Aufschwung – auch als Handelszentrum. Den Fürstbischöfen gelang es, vom Hochmittelalter bis in das frühe 19. Jahrhundert ihre territoriale Unabhängigkeit zu bewahren und den Bürgern zu Wohlstand und Ansehen zu verhelfen.

Faszinierende Facetten

Wer heute Passau erkundet, der ist auf den ersten Blick von der barocken Vielfalt begeistert. Neben der eindrucksvollen fürstbischöflichen Residenz prägen die vielen Kirchen und weiträumigen Plätze das Stadtbild von Passau. Ein Besuch im St. Stephansdom, dessen Ursprünge bis in das 6. Jahrhundert reichen, ist Pflicht. Auch die romanische Severinskirche, das Heiliggeistspital, die Salvator- und St. Paulskirche sollte man sich auf gar keinen Fall entgehen lassen. Diese imposanten Bauwerke sind Zeugen einer bedeutenden Kulturgeschichte, deren Anfänge zwar weit zurückliegen, aber noch bis heute zu spüren sind. Neben der einmaligen Lage und der unverwechselbaren Kulisse hat Passau seinen Gästen vieles zu bieten: anspruchsvolle Kultur, abwechslungsreiche Freizeit-Aktivitäten und vor allem – seine Menschen. Aufgeschlossene Europäer, die geprägt sind von ihrer grenzübergreifenden Geschichte, von Handel und Wandel und auch von einem Mann, der alles in Gang gebracht hat: von Winfrid Bonifatius – einem Mann, so wie die Flüsse Passaus ...

3. Impressionen zwischen Wasser und Land am Schaiblingsturm.
4. Perfekte Harmonie bis ins kleinste Detail – die Westfassade des St. Stephansdoms.
5. Aktive Erholung entlang von Donau, Inn und Ilz.

Deutsch-österreichische Impressionen zwischen Inn und Salzach

Die alte Handelsstadt Passau ist auf unserer Route das Tor in das europäische Nachbarland Österreich. Entlang dem unteren Inn gelangen wir zuerst nach Schärding. In früheren Zeiten (Schärding wird erstmals im Jahre 807 urkundlich erwähnt) war diese malerische Kleinstadt eine von vielen Außenstellen des Bistums Passau. Noch heute zeugt die größtenteils erhaltene Stadtmauer mit ihren wehrhaften Toren von einer wechselhaften Vergangenheit und von lange Zeit ungeklärten Besitzverhältnissen.

Einmalige Flusslandschaft

Folgen wir weiter dem Inn. Wir lassen Orte wie Reichersberg, Obernberg und Bad Füssing auf der deutschen Seite des Grenzflusses hinter uns und gelangen schließlich nach Braunau. Auch dieser einstmals strategisch wichtige Ort verfügt noch heute über eine Vielzahl von Befestigungsanlagen aus den unterschiedlichsten Epochen. Sehen sollte man auch die Bürgerspitalkirche und die spätgotische Pfarrkirche, beide aus dem 15. Jahrhundert. Nur wenige Kilometer von Braunau

Geschichte und Geschichten entlang der Salzach

1. *Schärding am Inn war über viele Jahrhunderte eng mit dem Bischofssitz Passau verbunden.*
2. *In der Altstadt von Braunau finden sich noch heute Teile der imposanten Stadtmauern.*

entfernt mündet die Salzach in den Inn und bildet dabei eine einmalige Flusslandschaft. Vorbei an Haimling erreichen wir entlang der Salzach, die jetzt die deutsch-österreichische Grenze markiert, das wunderschöne Burghausen. Umgeben von weitläufigen Waldgebieten, wird der Ort von einer monumentalen Feste beherrscht. Mit einer Gesamtlänge von über einem Kilometer ist diese Burg die größte Anlage in Europa.

Rechts und links der grünen Grenze

Zwischen Burghausen und dem österreichischen Laufen präsentiert sich die weitgehend noch ungestüme Salzach von ihrer schönsten Seite. Rechts und links der grünen Grenze zwischen den beiden europäischen Nachbarn passieren wir Orte wie Tittmoning, Ostermiething und Fridolfing. Die nächste größere Station ist das deutsche Laufen samt seinem österreichischen Gegenüber Oberndorf. Laufen mit seiner sehenswerten Stiftskirche Mariae Himmelfahrt, dem erzbischöflichen Residenzschloss und den typischen Laubengängen eignet sich gut für einen Abstecher in das westlich gelegene Berchtesgadener Land und ist unsere letzte Station vor Salzburg.

3. Unweit von Braunau mündet die Wilde Salzach in den Inn.
4. Die europaweit einmalige Anlage der Höhenburg Salzach bei Burghausen.
5. Das Berchtesgadener Land ist ein Eldorado für Bergwanderer und Mountain-Biker.

N
0
10
20
30 km
Deggendorf
Plattling
Osterhofen
Landau a.d.Isar
Isar
Vils
Dingolfing
Vilshofen
Hauzenberg
Freyung
Passau
BAYERN
Münzkirchen
Schärding
Griesbach i.Rottal
Pfarrkirchen
Eggenfelden
Pocking
Bad Füssing
Neumarkt St. Veit
Simbach am Inn
Obernberg
Altheim
Ried i. Innkreis
Zell
Haag
Neuötting
Töging
Altötting
Mühldorf am Inn
Inn
Braunau am Inn
Mauerkirchen
Lohnsburg
Burghausen
Mattighofen
Frankenburg
Eggelsberg
ÖSTERREICH
Wasserburg am Inn
Trostberg
Tittmoning
Salzach
Moosdorf
Schneegattern
Vöcklabruck
Frankenmarkt
Lamprechtshausen
Straßwalchen
Seewalchen
Mattsee
Traunreut
Obertrum
Neumarkt
Attersee
Laufen
Seekirchen
Zell a.Moos
Nußdorf
Traunstein
Chiemsee
Mondsee
Thalgau
Unterach
Attersee
Freilassing
Fuschl
St. Gilgen
Salzburg
Wolfgangsee
Strobl
Bad Reichenhall
Hallein
Berchtesgaden
Unken
Golling
Gosau
Königsee
Waidring
Lofer
Abtenau
Salzburger Kalkalpen
A92
A94
A3
A25
A1
A8
A10
E56
E53
E552
E55
E60
E52

Im beschaulichen Schärding gehen seit Jahrhunderten die Dinge ihren geregelten Gang. Gut beschützt von massiven Wallanlagen konnte sich hier eine wohlhabende Stadt entwickeln, deren alter Glanz noch heute am Marktplatz zu besichtigen ist.

Wasserburg am Inn gehört zu den Orten auf unserer Reise, die man sich auf gar keinen Fall entgehen lassen sollte. Eindrucksvolle Bauten, liebenswerte Menschen und wohltuende Ruhe erwarten den Besucher und laden zur Entspannung ein.

Die exponierte Lage der mächtigen Burganlage von Burghausen ermöglicht fantastische Ausblicke auf die pittoreske Altstadt und eine eindrucksvolle Flusslandschaft.

1

Bonifatius, Salzburg und die Erneuerung der Heiligtümer des Glaubens

Die universelle Sprache der Musik verbindet Menschen rund um die Welt. Töne, Harmonien und Partituren faszinieren, inspirieren und schaffen eine gemeinsame Kommunikationsplattform, die unabhängig von sprachlichen, kulturellen und nationalen Grenzen das Wesen des Homo sapiens berührt. Diese zarten Berührungen haben zu allen Zeiten auch die Menschen in Europa zusammengeführt und ihre gemeinsame Identität gefördert. Seit jeher sind Musik und Glaube untrennbar miteinander verbunden. Diese Symbiose lässt sich an kaum einem anderen Ort eindrucksvoller wiederfinden als in der alten Bischofsstadt Salzburg.

Welch eine Stadt, was für eine Landschaft ...

1. *Der monumentale Salzburger Dom verleiht der Stadt ihren unverwechselbaren Charakter.*
2. *Die wilde Salzach bietet unvergessliche Naturschauspiele.*
3. *W. A. Mozart – einer der großen Europäer – wurde hier in Salzburg geboren.*

Spirituelles Naturschauspiel

Das wilde Tal der Salzach mit ihren schäumenden Wassermassen, bizarren Felsformationen an ihren Ufern und einer unberührten Natur muss im Jahre 739 ein Anblick gewesen sein, der jedem Reisenden einen Eindruck der mit dem Himmel vereinten Hölle vermitteln konnte. Auch den Angelsachsen Winfried und seinen Gefährten muss dieses gewaltige Schauspiel Schrecken eingeflößt haben, obwohl sie noch größere Aufgaben als die

Durchquerung eines wilden Gebirgstals vor sich hatten. Das Ziel der kleinen Reisegruppe war das ehemalige römische Municipium Iuvavum, auf dessen Ruinen von Wanderbischof Rupert 690 eine der ersten Bastionen des Christentums nördlich der Alpen gegründet worden war. Aber seit dieser Zeit hatte sich in Salzburg einiges getan. Nicht nur zum Guten, wie Bonifatius wusste. Die Kirche im fränkischen Reich um das Jahr 739 präsentierte sich vielfach nicht von ihrer besten Seite.

Politische Gratwanderung im Auftrag Roms

Eingebunden in das Herrschaftssystem der beiden Hausmeier Pippin und Karl hatten die kirchlichen Würdenträger ein machtpolitisches Eigenleben entwickelt, das in krassem Gegensatz zu den Vorstellungen des Papstes stand. Bonifatius war aufgebrochen, um Abhilfe zu schaffen. Eine seiner ersten Maßnahmen im Lande des Bayernherzogs Hugbert war die Gründung des Bistums Salzburg und mit der Einsetzung des Bischofs Johannes die personelle Neuorganisation. Ausgestattet mit allen erforderlichen Kompetenzen und Privilegien gelang Bonifatius dieser Drahtseilakt. Es mag kaum verwundern, dass sich der agile Angelsachse damit nicht nur Freunde bei seinen mehr oder weniger christlichen Mitbrüdern geschaffen hat.

1. Salzburg – Weltstadt vor großartiger Naturkulisse.
2. Träume werden wahr – mit einem Fiaker durch die Altstadt von Salzburg.

3. *Bizarre Felsformationen regen vor den Toren der Stadt die Fantasie an.*
4. *Die Salzburger Festspiele sind ein kultureller Genuss der Extraklasse.*

Gewachsene Geschichte

Heute präsentiert sich Salzburg als eine Kulturstadt von erlesener Schönheit, unverwechselbarem Charakter und weltweitem Renommee. Beherrschendes Bauwerk der Stadt ist die hoch über der Salzach gelegene Hohensalzburg mit ihren Mauern und Türmen. In das weite Tal schmiegen sich malerische Gassen, opulente Boulevards und architektonische Meisterwerke aus vielen Epochen.
Erleben und entdecken lautet die Devise. Einfach eintauchen in ein verschwenderisches Angebot von Fassaden, Formen und Farben. Sich treiben lassen und genießen. Daher eröffnen sich bei jedem Schritt neue Ein- und Ausblicke. Als ein Beispiel sei der zwischen 1614 und 1628 von Solari erbaute Dom erwähnt. Von hier aus erschließt sich die gesamte Altstadt wie ein großes Poesiealbum, voll mit den Einträgen von Menschen aus den unterschiedlichsten Ländern und Kulturen. Was diese Menschen in Salzburg zusammenführt, ist die Bewunderung für die Stadt und für einen ihrer größten Söhne, für Wolfgang Amadeus Mozart.
Mozart und Bonifatius haben Spuren hinterlassen, die heute neue Wege eröffnen – Wege durch ein gemeinsames Europa.

1

Hohe Berge, weites Land

1. *Rund um den Königssee präsentiert sich Bayern von seiner schönsten Seite.*
2. *„Groß und mächtig, schicksalsträchtig ..." – der sagenumwobene Watzmann.*
3. *Eine Wanderung über saftige Almweiden fordert den Körper und entspannt den Geist.*

2

Kulturgeschichte vor Traumkulisse

Östlich von Salzburg verlassen wir Österreich und gelangen nach Bad Reichenhall. Die Kurstadt ist das Eingangstor zum Berchtesgadener Land. Besonders empfehlenswert für einen Abstecher in die traumhafte alpine Landschaft sind der Königssee und das Watzmann-Massiv. Bad Reichenhall ist seit Jahrhunderten durch den Salzhandel geprägt und durch ihn zu Wohlstand gelangt, was sich noch heute an den prächtigen Bürgerhäusern der Kernstadt ablesen lässt.
Die Reise führt über den international bekannten Wintersportort Ruhpolding nach Traunstein. Dank der verkehrsgünstigen Lage war die Stadt viele Jahrhunderte lang einer der zentralen Handelsplätze der Region. Heute ist Traunstein touristisches Zentrum und profitiert von seiner Nähe zum Chiemsee, dem drittgrößten Binnensee Deutschlands. Vor der prächtigen Kulisse der Chiemgauer Berge fügen

3

sich der See und die ihn umgebenden Orte harmonisch in die Landschaft. Eine Dampferfahrt zu den Inseln Herrenchiemsee und Frauenchiemsee darf in keinem Reiseprogramm fehlen. Ausgangspunkte sind entweder Seebruck im Norden oder Übersee und Prien im Süden. Auf Herrenchiemsee, der größeren der beiden Inseln, begeistert eines der Märchenschlösser König Ludwigs II. In Anlehnung an Versailles entstand hier im 19. Jahrhundert ein monumentaler Prachtbau, der wegen des Todes von Ludwig unvollendet blieb. Auf Frauenchiemsee sind seit Jahrhunderten die Benediktinerinnen zu Hause.

4

Fantastisches Alpenpanorama

Über Stephanskirchen am malerischen Simsee kommt der Reisende nach Rosenheim und nach Bad Aibling. Bad Aibling ist das älteste bayerische Moorheilbad und geht bis ins 7. Jahrhundert zurück. Vor dem fantastischen Alpenpanorama im Süden geht es weiter über Miesbach an den beschaulichen Tegernsee. Wir beschließen den ersten Teil unseres Weges auf den Spuren des Bonifatius durch Oberbayern mit einer Besichtigung des Klosters Tegernsee samt seiner Hauptkirche St. Quirin und schöpfen im Landhaus „Am Stein" in Bad Wiessee Kraft für unsere zweite Etappe.

4. Schloss Herrenchiemsee, das bayerische Versailles Ludwigs II.
5. Hochalpine Gipfel beherrschen die abwechslungsreiche Landschaft der Chiemgauer Alpen.
6. Das Kloster Tegernsee ist ein beliebtes Ausflugsziel.

5

6

Der Jäger vom Fall und die Bavaria Filmstudios

Nach dem kurzen Zwischenstopp am Tegernsee mit seinen traumhaften Urlaubsorten, die das Ufer säumen, führt der Weg über Gmund weiter nach Bad Tölz. Die Kurstadt an der dort noch recht wilden Isar ist mit ihren jodhaltigen Heilquellen seit vielen Jahrzehnten ein beliebter Erholungsort. Das malerische Stadtbild wird bestimmt von typischer Bauern- und Bürgerarchitektur, zu der auch die vielfältigen Formen von Lüftelmalerei an den Fassaden der schmucken Häuser gehören. Von Tölz aus bietet sich in jedem Fall ein kurzer Ausflug in das Naturschutzgebiet des vorderen Karwendelgebirges an. Über Lenggries, den Sylvenstein-Stausee und Fall (bekannt durch seinen Jäger in dem Roman von Ludwig Ganghofer) kommt man in eine atemberaubende alpine Landschaft.

Benediktbeuren: Einmalige Barockstadt

Wir lassen Bad Tölz hinter uns und reisen weiter über Bichel nach Benediktbeuren. Es gilt als erwiesen, dass Bonifatius dieses Benediktinerkloster im Jahre 739

Von Floßfahrten und Klosterlikören

1. *Der farbenprächtige Marktplatz von Bad Tölz bietet sich als Ausgangspunkt für Ausflüge in eine hochalpine Traumlandschaft an.*
2. *Die barocke Klosteranlage von Benediktbeuren gehört neben den Klöstern Ettal und Tegernsee zu den wichtigsten religiösen Zentren in Oberbayern.*

mit begründet und somit den Grundstein für die bald zwölfhundertjährige Geschichte der Abtei gelegt hat. Trotz aller Wirren der Zeiten konnten die Benediktiner den Klosterbetrieb aufrechterhalten und die Abtei zu einem religiösen und kulturellen Mittelpunkt der Region ausbauen. Heute präsentiert sich das Kloster in einer einmaligen barocken Formenvielfalt.

Per Floß auf der Isar

Entlang der romantischen Loisach gelangen wir nach Wolfratshausen. Hier, wo die Loisach in die Isar mündet, sollte eine Floßfahrt auf der Isar nicht fehlen. Das Flößerhandwerk hat in Wolfratshausen eine jahrhundertelange Tradition und war lange Zeit ein bedeutender Wirtschaftszweig der Stadt. Isarabwärts nähern wir uns den Toren der bayerischen Landeshauptstadt München. Über Grünwald kommend empfiehlt sich ein Besuch der Bavaria Filmstudios mit ihren weiten Außenanlagen und den Studios. Die Stadt München ist ein Höhepunkt der Reise. Es wäre müßig, die vielen Sehenswürdigkeiten im Detail zu beschreiben. Selbst erleben und selbst erfahren heißt deshalb das Motto. Von München sind es jetzt nur noch wenige Kilometer bis nach Freising, dem Ziel unseres Weges auf den Spuren des angelsächsischen Mönches Winfried in Oberbayern und Österreich.

3. *Auf den Spuren eines traditionsreichen Handwerks – turbulente Floßfahrt auf der Isar bei Wolfratshausen.*
4. *Der Marienplatz in München mit Ausblick auf die Frauenkirche.*

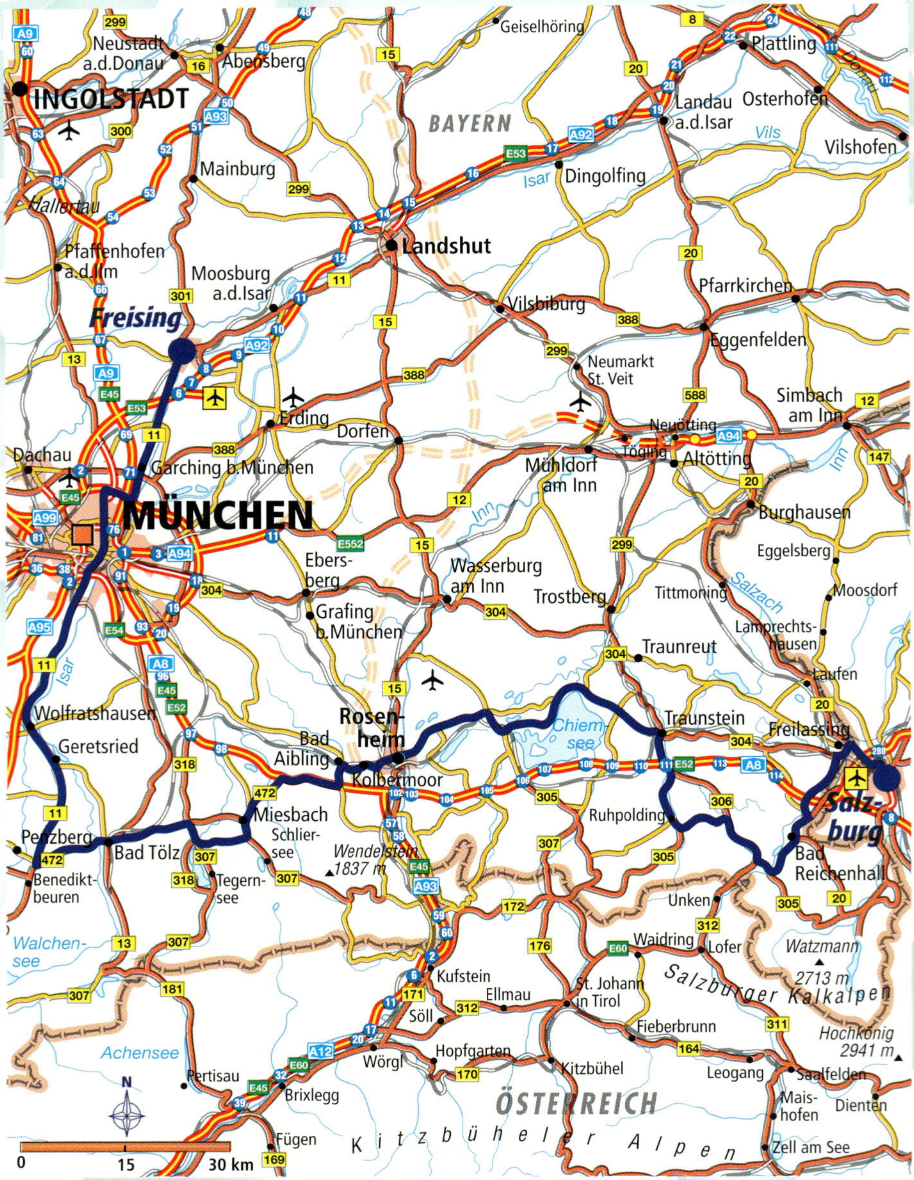
Geiselhöring
Neustadt a.d.Donau
Abensberg
INGOLSTADT
Plattling
Landau a.d.Isar
Osterhofen
Vilshofen
Vils
Donau
BAYERN
Dingolfing
Isar
Mainburg
Hallertau
Landshut
Pfaffenhofen a.d.Ilm
Moosburg a.d.Isar
Pfarrkirchen
Vilsbiburg
Eggenfelden
Freising
Neumarkt St. Veit
Simbach am Inn
Erding
Dorfen
Neuötting
Töging
Altötting
Dachau
Garching b.München
Mühldorf am Inn
Inn
MÜNCHEN
Burghausen
Ebersberg
Wasserburg am Inn
Eggelsberg
Trostberg
Tittmoning
Salzach
Moosdorf
Grafing b.München
Lamprechtshausen
Traunreut
Laufen
Isar
Wolfratshausen
Rosenheim
Traunstein
Freilassing
Geretsried
Bad Aibling
Chiemsee
Kolbermoor
Salzburg
Miesbach
Ruhpolding
Penzberg
Bad Tölz
Schliersee
Wendelstein 1837 m
Bad Reichenhall
Benediktbeuren
Tegernsee
Unken
Walchensee
Waidring
Lofer
Watzmann 2713 m
Kufstein
Salzburger Kalkalpen
Ellmau
St. Johann in Tirol
Söll
Fieberbrunn
Hochkönig 2941 m
Achensee
Hopfgarten
Wörgl
Kitzbühel
Leogang
Saalfelden
Pertisau
Brixlegg
ÖSTERREICH
Maishofen
Dienten
N
Fügen
Kitzbüheler Alpen
Zell am See
0
15
30 km

Der Chiemsee mit seinen beiden Inseln Frauen- und Herrenchiemsee bietet Erholungssuchenden eine ganze Palette von Freizeitmöglichkeiten.

Die farbenprächtig ausgeschmückte Klosterbasilika von Benediktbeuren ist Ausdruck einer tief empfundenen Religiosität.

Bad Tölz mit seinen weiträumigen Kuranlagen und einer beeindruckenden Bäderarchitektur gehört zu den beliebtesten Kur- und Ferienorten im Alpenraum.

Wald, Wasser, Berge – der idyllische Tegernsee lässt das Herz von Naturfreunden höher schlagen.

Traditionelles Markttreiben und eine bezaubernde Atmosphäre prägen den malerischen Ort Schliersee am gleichnamigen Gewässer.

1

Verbum Domini: Die Macht des Wortes leitet an der Isar ein neues Zeitalter ein

Die bayerische Landeshauptstadt München und Freising trennen heute weniger als 30 Kilometer, wobei die prosperierende Metropole immer näher an die beschauliche Kreisstadt heranrückt. Vor über eintausend Jahren traf der Reisende jedoch auf umgekehrte Verhältnisse. Während München noch einer von vielen unbedeutenden Weilern an der Isar war, wurde in Freising – und von Freising aus – bereits Kirchengeschichte geschrieben.

Eine Aufgabe für Könner

Kehren wir in das Jahr 739 zurück. Kaum ein Mensch kann sich heute noch eine Vorstellung von den Beschwernissen und Widrigkeiten des damaligen Reisens machen. Weites, dünn besiedeltes Land, undurchdringliche Wälder, ungezügelte Flüsse und primitivste Transportmittel machten jeden Weg zu einer bedrohlichen Herausforderung. Deshalb wagte man solche Strapazen nur dann, wenn es ein wichtiges Ziel zu erreichen galt. Der kleinen Gruppe von Geistlichen,

2

Das alte Herz Bayerns

1. *Nur unweit von München gelegen ist Freising eine Stadt, in der es sich leben lässt.*
2. *Stadt- und Naturlandschaft hautnah beieinander – die Isarauen vor den Mauern von Freising.*
3. *Die historische Innenstadt von Freising ist ein harmonisches Gesamtensemble aus vielen Jahrhunderten.*

3

angeführt von Bonifatius, ging es im Jahre 739 um die organisatorische Umstrukturierung der Kirche in Bayern: Regensburg, Passau, Salzburg und Freising. Die Worte von Papst Gregor III. waren der Auftrag.

Geschichte verbindet

Als Bonifatius und seine Begleiter 739 Freising erreichten, war der Ort an der Isar bereits ein wichtiges Zentrum säkularer und kirchlicher Macht. Gemäß seinem Auftrag und seiner Berufung gründete Bonifatius hier eines der vier bayerischen Reformbistümer, sorgte für eine klare Linie und ernannte Bischof Ermbert zum offiziellen Statthalter Roms und zum Wächter über eine einheitliche Lehrmeinung.

Charmante Hochschulstadt an der Isar

1. *Der Stolz jeder Universitätsstadt – bibliophile Kostbarkeiten im Barocksaal der Dombibliothek.*
2. *Alte und moderne Baukunst liegen in Freising dicht beieinander.*

Nach der Gründung Münchens und der Verlegung der Marktrechte 30 Kilometer isaraufwärts entwickelte sich Freising kaum noch weiter. München hingegen wurde zu dem, was wir heute kennen: zu einer pulsierenden Welt- und Kulturstadt.

Freising behielt den Status des Bischofssitzes, was sich in einer Fülle großartiger Kirchenbauten und Klosteranlagen widerspiegelt. Immer noch beherrscht der Domberg mit dem spätromanischen Dom St. Maria und Korbinian das Bild der Stadt und ist mehr als ein Zeichen einstiger Größe. Die barocke fürstbischöfliche Residenz aus dem 16. bis 18. Jahrhundert, das gotische Baptisterium St. Johannes und die Anla-

gen des Klosters Weihenstephan erinnern an wechselvolle Zeiten.

3. Der Freisinger Domberg mit dem Dom St. Maria und Korbinian.
4. Studierende aus aller Welt schätzen die hervorragenden Rahmenbedingungen in Freising.
5. Seit dem frühen Mittelalter haben Handel und Wandel in Freising ihren festen Platz.

Bildungsstätte mit Tradition

Die Tradition von Freising als Bildungsstätte ist Jahrhunderte alt. Auch heute noch haben Forschung und Lehre ihren festen Platz. Die Freisinger Institute stehen in enger Verbindung mit der Technischen Universität München und schaffen nicht nur auf akademischer Ebene eine Symbiose mit der nahen Landeshauptstadt. Auch sonst sind sich die einstigen Rivalen um die Macht an der Isar immer näher gekommen. Freising und München verstehen sich heute als Partner, die beide stolz auf eine lange und ereignisreiche Historie sein können. Zwei Städte mitten im Leben und mitten im Herzen Europas.

ORTSREGISTER

Service

Tourismuszentralen

Weiterführende Informationen über die in diesem Buch genannten Tourismusziele, z. B. Radwegenetze und vieles andere mehr, erhalten Sie von den hier aufgeführten Tourismuszentralen:

Großbritannien

City of Crediton
Tourist Information Centre
Old Town Hall
High Street
CREDITON
Devon UK
GB-EX17 3LF
Telefon: +44 (0) 800 018 77 20
E-Mail: info@devonshireheartland.co.uk

Economy and Tourism Unit
Exeter City Concil
Civic Centre
Paris Street
EXETER
GB-EX1 1 JN
Telefon: +44 (0) 1392-277 888
Fax: + 44 (0) 1392-265 265
E-Mail: tourism@exeter.gov.uk

Ringwood Town Council
71 Christchurch Road
GB-BH24 1DH
RINGWOOD HAMPSHIRE
Telefon: +44 (0) 1425 473 883
Fax: +44 (0) 1425 489 477

Großbritannien

Nursling/Southampton
Southampton City Council
Civic Centre
SOUTHAMPTON
GB-SO14 7LY
Telefon: +44 (0) 23 8022 3855

Visitor Information Centre
Clarence Esplanade
Southsea
GB-PO5 3PB
PORTSMOUTH
Telefon: +44 (0) 23 9282 6722
Fax: +44 (0) 23 9282 7519
E-Mail:vis@portsmouthcc.gov.uk

Frankreich

Office de Tourisme de Rouen
25, place de la Cathédrale
BP 666
F-76008 ROUEN Cedex 1
Telefon: +33 (0) 2 32 08 32 40
Fax: +33 (0) 2 32 08 32 44
E-Mail: tourisme@rouen.fr

Office de Tourisme
Place de l'Hôtel de Ville – B.P. 9
F-60321 COMPIEGNE Cedex
Telefon: +33 (0) 3 44 40 01 00
Fax: +33 (0) 3 44 40 23 28
E-Mail: otsi@mairie-compiegne.fr

Office de Tourisme du Havre
186, bd. Clémenceau
B.P. 649
F-76059 LE HAVRE Cedex
Telefon: +33 (0) 2 32 74 04 04
Fax: +33 (0) 327 62 11 93
E-Mail: office.du.tourisme.havre@
wanadoo.fr

Tourisme office de Versailles
2 bis, Avenue de Paris
F-78000 VERSAILLES
Telefon: +33 (0) 1 39 24 88 88
Fax: +33 (0) 1 39.24.88.89
E-Mail: tourisme@ot-versaille.fr

Frankreich

Paris l'Office de Tourisme de Paris
127, Avenue des Champs-Elysées
F-75008 PARIS
Telefon: +33 (0) 49 52 53 54
Fax: +33 (0) 49 52 53 00

Office de Tourisme
16, place Fernand Marquigny
F-02200 SOISSONS
Telefon: +33 (0) 3 23 53 17 37
Fax: +33 (0) 3 23 59 67 72
E-Mail: officedetourisme@ville-
soissons.fr

Office de Tourisme
Place du Parvis Gautier de Mortagne
F-02000 LAON
Telefon: +33 (0) 3 23 20 28 62
Fax: +33 (0) 3 23 20 68 11
E-Mail: tourisme.info.laon@wanadoo.fr

Office de Tourisme
Maison du Chanoine
41, place du Général Leclerc
F-59440 AVESNES-SUR-HELPE
Telefon: +33 (0) 3 27 56 57 20
Fax: +33 (0) 3 27 56 57 2
E-Mail: ot-avesnes@wanadoo.fr

Service

Tourismuszentralen

Frankreich

Office de Tourisme
Espace Victor Basch BP 80
F-02102 SAINT-QUENTIN Cedex
Telefon: +33 (0) 3.23.67.05.00
Fax: +33 (0) 3.23.67.78.71
E-Mail: saint-quentin.haute.picardie
@wanadoo.fr

Maison du Tourisme Porte de Mons
Place Vauban
F-59600 MAUBEUGE
Telefon: +33 (0) 327 62 11 93
E-Mail: ot.maubeuge@ville-maubeuge.fr

Office du Tourisme, Lille
Palais Rihour – Place Rihour
B.P. 20
F-59002 LILLE Cedex
Telefon: +33 (0) 3 359 579 400
Fax: +33 (0) 3 359 579 414
E-Mail: info@lilletourism.com

Belgien

Office du Tourisme de Tournai
14, Vieux Marché aux Poteries
[au pied du Beffroi]
B-7500 TOURNAI
Telefon: +32 (0) 69 22 20 45
Fax: +32 (0) 69 21 62 21
E-Mail: tourisme@tournai.be

Toerisme Brugge
Burg 11
B-8000 BRUGGE
Telefon: +32 (0) 50 44 86 86
Fax: +32 (0) 50 44 86 00
E-Mail: toerisme@brugge.be

Office du Tourisme
Zeedijk Knokke 660
B-8300 KNOKKE-HEIST
Telefon: +32 (0) 50 63 03 80
Fax: +32 (0) 50 63 03 90
E-Mail: toerisme@knogge-heist.be

Office du Tourisme Gent
Predikherenlei 2
B-9000 GENT
Telefon: +32 (0) 92 66 56 60
Fax: +32 (0) 92 66 56 73
E-Mail: toerisme@gent.be

Belgien

Fremdenverkehrsamt der
Provinz Antwerpen
Koningin Elisabethlei 16
B-2018 ANTWERPEN
Telefon: +32 (0) (3) 240 63 20
Fax: +32 (0) (3) 240 63 83
E-Mail: tpa@tourproantwerp.be

Niederlande

Rotterdam Marketing
Beursplein 37
Postbus 30325
NL-3001 DE ROTTERDAM
Telefon: +31 (0) 10 205 15 00
Fax: +31 (0) 10 205 15 99
E-Mail: contact@rotterdam-marketing.nl

Denmark Touristic
Stuurgroep Waddenprovincies
Tweebaksmarkt 52
NL-8911 KZ LEEUWARDEN
Telefon: +31 (0) 582 925 265
Fax: +31 (0) 582 925 220
E-Mail: waddswp@fryslan.nl

VWV Utrecht
Vinkenburgstraat 19
NL-3512 AA UTRECHT
Telefon: +31 (0) 900 128 87 32
E-Mail: info@vwvutrecht.nl

Service

Tourismuszentralen

Deutschland

Touristisches Büro
Unter Fettenhennen 19
Kölns Citymap
D-50667 KÖLN
Telefon: +49 (0) 221 221-30400
Telefax: +49 (0) 221 221-30410
E-Mail: koelntourismus@stadt-koeln.de

Koblenz-Touristik
Eigenbetrieb der Stadt Koblenz
Bahnhofplatz 7
D-56068 KOBLENZ
Telefon: +49 (0) 261-30388-0
Fax: 0261/30388-11
E-Mail: verwaltung@touristik-koblenz.de

Touristik Zentrale Mainz
Verkehrsverein Mainz e.V.
Brückenturm am Rathaus
D-55116 MAINZ
Telefon: +49 (0) 6131 286210
Fax: +49 (0) 6131 2862155
E-Mail: tourist@info-mainz.de

Stadthallen GmbH
Tourist-Information
Berliner Platz 2 (Kongresshalle)
D-35390 GIESSEN
Telefon: +49 (0) 641 - 975 11-0
Fax: +49 (0) 641 - 76 957
E-Mail: shg@giessen.de

Deutschland

Tourist-Information Weilburg
Mauerstraße 6
D-35781 WEILBURG
Telefon: +49 (0) 6471-3 14 67
Telefax: +49 (0) 6471-76 75
E-Mail: tourist-info@weilburg.de

Tourist-Information der Stadt Wetzlar
Domplatz 8
D-35573 WETZLAR
Telefon: +49 (0) 64 41-99-3 38
Fax: +49 (0) 64 41-99-3 39
E-Mail: tourist-info@wetzlar.de

Marburg Tourismus und
Marketing GmbH
Pilgrimstein 26
D-35037 MARBURG
Telefon: +49 (0) 6421-9912-0
Fax: +49 (0) 6421-9912-12
E-Mail: mtm@marburg.de

Tourist Service Wiesbaden
Tourist Information
Marktstraße 6
D-65183 WIESBADEN
Telefon: + 49 (0) 611-17 29 0
Fax: + 49 (0) 611-17 29 798
E-Mail: tourist-service@wiesbaden.de

Deutschland

Verkehrsverein Limburg
Tourist Information
Hospitalstraße 2
D-65549 LIMBURG A. D. LAHN
Telefon: +49 (0) 64 31/61 66
Fax: +49 (0) 64 31/32 93
E-Mail: vv-limburg@t-online.de

Schwalm-Touristik e.V.
Paradeplatz 7
D-34613 SCHWALMSTADT-ZIEGENHAIN
Telefon: +49 (0) 66 91-7 12 12
Fax: +49 (0) 66 91-57 76
E-Mail: schwalm-touristik@t-online.de

Tourist Information Bad Wildungen
Langemarckstraße 2
D-34537 BAD WILDUNGEN
Telefon: +49 (0) 5621-704106
Fax: +49 (0) 5621-704126
E-Mail: tourist@bad-wildungen.de

Touristeninformation
Zwischen den Krämen 7
D-34560 FRITZLAR
Telefon: +49 (0) 56 22-98 86 43
Fax: +49 (0) 56 22 - 98 86 26
E-Mail: stadt@fritzlar.de

Deutschland

Touristik-Information
Am Markt 1
D-36251 BAD HERSFELD
Telefon: +49 (0) 66 21-20 12 74
Fax: +49 (0) 66 21-20 12 44

Tourist-Information
Kasseler Straße 44
D-34212 MELSUNGEN
Telefon: +49 (0) 56 61-92 11 00
Fax: +49 (0) 56 61-92 11 12
E-Mail: tourist-info@melsungen.de

Gotha – Information
Hauptmarkt 2
D-99867 GOTHA
Telefon: +49 (0) 3621-22 21 38
Fax: +49 (0) 3621-22 21 34

Fremdenverkehrsverein
Weimar e.V. UNESCO-Platz 1
Postfach 3727
D-99407 WEIMAR
Telefon: +49 (0) 3643-745303
Fax: +49 (0) 3643-745333
E-Mail: fvv@weimarhalle.de

Service

Tourismuszentralen

Deutschland

Tourist-Information
Markt 2
D-99817 EISENACH
Telefon: +49 (0) 3691-19433

Touristik-Information Erfurt
Benediktsplatz 1
D-99084 ERFURT
Telefon: +49 (0) 361 66 40 0
Fax: +49 (0) 361 66 40 290
E-Mail: service@erfurt-tourist-info.de

Tourismus Information
Breitungen
Rathausstr. 22
D-98597 BREITUNGEN
Telefon: +49 (0) 3 68 48-8 82 21
Fax: +49 (0) 3 68 48-8 82 32
E-Mail: GemeindeBreitungen@
t-online.de

Fremdenverkehrsamt/Schmalkalden-
Information
Mohrengasse 1a
D-98574 SCHMALKALDEN
Telefon: +49 (0) 3683-403182

Stadtverwaltung/Kulturamt
Marktplatz 1
D-99885 OHRDRUF
Telefon: +49 (0) 3624-330 210

Deutschland

Fremdenverkehrsverein
Konrad-Adenauer-Platz 1
D-36088 HÜNFELD
Telefon: +49 (0) 6652 180 195

Tourismus- u. Kongressmanagement
Fulda
Bonifatiusplatz 1
D-36037 FULDA
Telefon: +49 (0) 6 61-102 18 13
Fax: +49 (0) 102 28 11
E-Mail: tourismus@fulda.de

Bayer. Staatsbad Bad Kissingen GmbH
Am Kurgarten 1
D-97688 BAD KISSINGEN
Telefon: +49 (0) 9 71-8 04 80
Fax: +49 (0) 9 71-8 04 81 19
E-Mail: tourismus@badkissingen.de

Tourist Information
Marktplatz 2
D-97769 BAD BRÜCKENAU
Telefon: +49 (0) 9741-80411
E-Mail: tourismus@bad-brueckenau.de

Tourist-Information
Kirchgasse 4
D-97762 HAMMELBURG
Telefon: +49 (0) 97 32-90 21 49
Fax: +49 (0) 97 32-90 21 84
E-Mail: touristik@hammelburg.de

Deutschland

Tourismus Zentrale
Am Congress Centrum
D-97070 WÜRZBURG
Telefon: +49 (0) 9 31-37 23 35
Fax: +49 (0) 9 31-37 36 52
E-Mail: tourismus@wuerzburg.de

Rothenburg Tourismus Service
Marktplatz
D-91541 ROTHENBURG OB DER TAUBER
Telefon: +49 (0) 9861-404-800
Fax: +49 (0) 9861-404-529
E-Mail: info@rothenburg.de

Congress- und Tourismus-Zentrale
Frauentorgraben 3
D-90443 NÜRNBERG
Telefon: +49 (0) 9 11-23 36 0
Fax: +49 (0) 9 11-23 36 166
E-Mail: tourismus@nuernberg.de

Tourist Information Kitzingen
Schrannenstr. 1
D-97307 KITZINGEN
Telefon: +49 (0) 9321-920049 019
E-Mail: tourist@stadt-kitzingen.de

Deutschland

Amt für Kultur und Touristik
Johann-Sebastian-Bach-Platz 1
D-91522 ANSBACH
Telefon: +49 (0) 9 81-51 243
E-Mail: akut@ansbach.de

Tourist Information Eichstätt
Domplatz 8
D-85072 EICHSTÄTT
Telefon: +49 (0) 8421-98 80 0
Fax: +49 (0) 8421-98 80 30
E-Mail: tourismus@eichstaett.de

Touristinformation
Hauptstr. 14
D-92339 BEILNGRIES
Telefon: +49 (0) 8461-8435

Stadt Kelheim
Ludwigsplatz 16
D-93309 KELHEIM
Telefon: +49 (0) 9441-701 0
Fax: +49 (0) 9441-701 310
E-Mail: info@kelheim.de

Tourist Information
Altes Rathaus
Rathausplatz 2
D-85049 INGOLSTADT
Telefon: +49 (0) 841-3 05 30 30
Fax: +49 (0) 841-3 05-30 39
E-Mail: touristinformation@ingolstadt.de

Service

Tourismuszentralen

Deutschland

Tourist-Information
Altes Rathaus
D-93047 REGENSBURG
Telefon: +49 (0) 9 41 5 07-44 11
Fax: +49 (0) 9 41 5 07-44 19
E-Mail: tourismus@regensburg.de

Tourist-Information Deggendorf
Oberer Stadtplatz
D-94469 DEGGENDORF
Telefon: +49 (0) 991-2960 535
Fax: +49 (0) 991-2960 539
E-Mail: tourismus@deggendorf.de

Tourist-Information Osterhofen
Stadtplatz 13
D-94486 OSTERHOFEN
Telefon: +49 (0) 9932-403 115
E-Mail: kultur@osterhofen.de

Tourist-Information Vilshofen
Stadtplatz 29
D-94474 VILSHOFEN
Telefon: +49 (0) 8541–20816
E-Mail: tourismus@vilshofen.de

Tourist-Information
Rathausplatz 3
D-94032 PASSAU
Telefon: +49 (0) 851-9 55 98 0
Fax: +49 (0) 851-3 51 07
E-Mail: tourist-info@passau.de

Deutschland

Tourist-Information Burghausen
Stadtplatz 112
D-84489 BURGHAUSEN
Telefon: +49 (0) 8677-887 140/141
Fax: +49 (0) 8677-887 144
E-Mail: touristinfo@burghausen.de

Tourist Information
Königsseer Straße 2
D-83471 BERCHTESGADEN
Telefon: +49 (0) 8652-96 70
Fax: +49 (0) 8652-967 400
E-Mail: info@berchtesgaden.de

Kur- und Verkehrsverein e.V.
Bad Reichenhall
Wittelsbacher Straße 15
D-83435 BAD REICHENHALL
Telefon: +49 (0) 8651-606 303
Fax: +49 (0)8651-606 311

Tourist-Information Traunstein
Kulturzentrum im Stadtpark
Haywards-Heath-Weg 1
D-83278 TRAUNSTEIN
Telefon: +49 (0) 861-651
Fax: +49 (0) 861/65294
E-Mail: info@stadt-traunstein.de

Deutschland

Tourist Information Tegernseer Tal
Hauptstraße 2
D-83684 TEGERNSEE
Telefon: +49 (0) 8022-180140
Fax: +49 (0) 8022-3758

Tourist-Information Bad Tölz
Max-Höfler-Platz 1
D-83646 BAD TÖLZ
Telefon: +49 (0) 8041-78670
Fax: +49 (0) 8041-786756
E-Mail: info@bad-toelz.de

Gästeinformation Benediktbeuren
Prälatenstraße
D-383671 BENEDIKTBEUREN
Telefon: +49 (0) 8857-248
Fax: +49 (0) 8857-9470
E-Mail: vamt@benediktbeuren.de

Fremdenverkehrsamt München
Sendlinger Str. 1
D-80331 MÜNCHEN
Telefon: +49 (0) 89-233 96 500
Fax: +49 (0) 89-233 30 233
E-Mail: tourismus@muenchen.de

Gäste Information Schliersee
Bahnhofstr. 11a
D-83727 SCHLIERSEE
Telefon: +49 (0) 8026-6065 0
Fax: +49 (0) 8026-6065 20
E-Mail: tourismus@schliersee.de

Deutschland

Touristinformation
Marienplatz 7
D-85354 FREISING
Telefon: +49 (0) 8161-54122
Fax: +49 (0) 8161-54231
E-Mail: touristinfo@freising.de

Österreich

Tourismusverband Schärding
Innbruckstraße 29
A-4780 SCHÄRDING
Telefon: +43 (0) 7712-4300 0
Fax: +43 (0) 7712-4320
E-Mail: info.schaerding@oberoester-
reich.at

Fremdenverkehrsbetriebe der Stadt
Salzburg
Auersbergstr.7
A-5020 SALZBURG
Telefon: +43 (0) 662 88987 0
Fax: +43 (0) 662 88987 32

BIBLIOGRAPHIE

Bauer, Karl: **Regensburg. Kunst-, Kultur- und Alltagsgeschichte.** 5. erweiterte und verbesserte Auflage. Regensburg: Mittelbayerische Druck- und Verlags-Gesellschaft 1997.

Baedeker, Allianz Reiseführer: **Belgien.** 5. Auflage. Ostfildern: Verlag Karl Baedeker GmbH 2002.

Brockhaus – Die Enzyklopädie in 24 Bänden. F. A. Brockhaus, Leipzig, 2001.

Brügge, Dirk ter : **Niederlande.** MERIAN live. München: Gräfe und Unzer Verlag GmbH 1998.

Cultuurstadsgids Thijs Frenker: **Dokkum en Bonifatius.** (Tekstbijdrage: Drs. A. J. Zwagerman) 2003.

Daniel Deckers: **Der Kardinal - Karl Lehmann.** Eine Biographie. München: Pattloch 2002.

Dettelbacher, Werner: **Franken. Kunst, Geschichte und Landschaft.** 8. Auflage. Köln: DuMont Buchverlag 1980 (DuMont-Kunstreiseführer).

Dettelbacher, Werner: **Oberpfalz, Bayerischer Wald, Niederbayern. Kunst, Kultur und Landschaft im Nordosten Bayerns.** Köln: DuMont Buchverlag 1980 (DuMont-Kunstreiseführer).

Freitag, Matthias: **Kleine Regensburger Stadtgeschichte.** Regensburg: Verlag Friedrich Pustet 1999.

Graf, Margarete: **Flandern – Antwerpen, Brügge, Gent.** Köln: DuMont Reiseverlag 2002

Gercke, Hans: **Das Altmühltal. Kultur und Landschaft zwischen Ansbach und Kelheim.** Köln: DuMont Buchverlag 1991 (DuMont-Kunstreiseführer).

HB-Bildatlas: **Flandern – Antwerpen, Brügge, Gent.** Hamburg: HB Verlags- und Vertriebsgesellschaft mbH 1983

Leinweber, Josef: **St. Bonifatius. Leben und Wirken.** Hg. vom Bistum Fulda. Fulda: Parzeller Verlag 1984.

Lutz E. von Padberg: **Bonifatius – Missionar und Reformer.** München: C. H. Beck 2003.

Lohmann, Clemens: **Fritzlar.** Hg. vom Magistrat der Stadt Fritzlar. 1. Auflage. Fulda: cre art 1987.

Meisner, Michael [u. Hahn, Elmar]: **Würzburg.** 5. Auflage. Würzburg: Stürtz Verlag 1988.

Nestmeyer, Michael: **Franken.** 2., vollständig überarbeitete Auflage. Erlangen: Michael Müller Verlag 1999.

Neumann-Adrian, Edda u. Michael: **Marco Polo Franken. Nürnberg – Würzburg – Bamberg.** 5. aktualisierte Auflage. Ostfildern: Mairs Geographischer Verlag 2001.
Padberg, Lutz E. von: **Wynfreth-Bonifatius.** Wuppertal u. Zürich: R. Brockhaus Verlag 1989 (R. Brockhaus Taschenbuch Bd. 1104).
Schieffer, Theodor: **Winfrid-Bonifatius und die christliche Grundlegung Europas.** Freiburg im Breisgau: Herder 1954.
Schreiber, Hermann: **Wie die Deutschen Christen wurden. Von Heiligen und Helden.** München: Drei Ulmen Verlag 1984.
Steinwede, Dietrich: **Bonifatius. Apostel – Reformer – Märtyrer.** Fulda: Parzeller Verlag 1989.
Sturm, Erwin: **Die Bau- und Kunstdenkmale des Fuldaer Landes.** Erster Band: Altkreis Fulda. Neu verfasste Auflage. Fulda: Parzeller Verlag 1989.

http://de.wikipedia.org/wiki/Hauptseite
http://freepages.genealogy.rootweb.com/~villages/nursling.html
http://users.skynet.be/estinnes/estinnes.htm
http://www.avesnes-sur-helpe.com
http://www.beauvais.fr/pages/accueil
http://www.compiegne.fr/index.php?rub=tourisme
http://www.cr-picardie.fr/uk/page
http://www.eling.aaonline.net
http://www.estinnes.be/folklore.htm
http://www.greenflash.demon.co.uk/nursling.html
http://www.mairie-rouen.fr/tourisme/hist
http://www.mairie-rouen.fr/tourisme/mon
http://www.newadvent.org/cathen/13339b.htm
http://www.newadvent.org/cathen/14130c.htm
http://www.portsmouth.gov.uk
http://www.romseynet.org.uk/abbeyhist.htm
http://www.testvalley.gov.uk/tourism.nsf
http://www.thenewforest.co.uk
http://www.tourisme.fr/office-de-tourisme/soissons.htm
http://www.villemaubeuge.fr
http://www.ville-laon.fr/fr/decouvrir
http://www.visitportsmouth.co.uk/attractions.asp
http://www.visittestvalley.org.uk

Titelseite/o.: Florian Werner; **Titelseite/m.:** Foto-Design Andreas Lechtape; **Titelseite/u.:** Passau Tourismus e. V.; **Hintergrund:** VIMA; **Hintergrund:** VIMA; **Rückseite/o.:** Passau Tourismus e. V.; **Rückseite/m.:** Wartburg-Stiftung; **Rückseite/u.:** Toerisme Brugge; **6/1:** VIMA; **7/2:** VIMA; **7/3:** VIMA; **7/4:** Der Magistrat der Stadt Fulda; **7/5:** VIMA; **8/1:** VIMA; **8/2:** VIMA; **8/3:** VIMA; **8/4:** VIMA; **8/5:** VIMA; **8/6:** VIMA; **9/7:** VIMA; **9/8:** VIMA; **9/9:** VIMA; **9/10:** VIMA; **10/1:** Vonderau Museum Fulda; **10/2:** Der Magistrat der Stadt Fritzlar; **11/3:** Tourist-Information Eichstätt; **11/4:** Parzeller Verlag, Fulda; **12/1:** Rolf Kreuder; **12/2:** Tourist-Information Eichstätt; **13/3:** Rheinland-Pfalz Tourismus GmbH; **13/4:** Bayrische Staatsbibliothek München; **14/1:** VIMA; **15/2:** Passau Tourismus e.V.; **15/3:** Foto-Design Erich Gutberlet; **16/1:** VIMA; **16/2:** K. Schnorr/F. Heimann; **17/3:** VIMA; **17/4:** VIMA; **18/1:** VIMA; **18/2:** VIMA; **18/3:** K. Schnorr/F. Heimann; **19/4:** VIMA; **19/5:** VIMA; **19/6:** Rheinland-Pfalz Tourismus GmbH; **19/7:** K. Schnorr/F. Heimann; **21/1:** K. Schnorr/F. Heimann; **21/2:** K. Schnorr/F. Heimann; **21/3:** K. Schnorr/F. Heimann; **22/1:** K. Schnorr/F. Heimann; **22/2:** K. Schnorr/F. Heimann; **22/3:** K. Schnorr/F. Heimann; **23/4:** K. Schnorr/F. Heimann; **23/5:** VIMA; **23/6:** K. Schnorr/F. Heimann; **25/o. l.:** VIMA; **25/o. r.:** VIMA; **25/u. l.:** Economy & Tourism Unit, Exeter City Council; **25/u. r.:** Economy & Tourism Unit, Exeter City Council; **26/1:** K. Schnorr/F. Heimann; **27/2:** Economy & Tourism Unit, Exeter City Council; **27/3:** Economy & Tourism Unit, Exeter City Council; **28/1:** Economy & Tourism Unit, Exeter City Council; **28/2:** Economy & Tourism Unit, Exeter City Council; **29/3:** Economy & Tourism Unit, Exeter City Council; **29/4:** Economy & Tourism Unit, Exeter City Council; **29/5:** Economy & Tourism Unit, Exeter City Council; **31/o. l.:** VIMA; **31/o. r.:** VIMA; **31/m. r.:** VIMA; **31/u. l.:** Ringwood Town Council; **32/1:** K. Schnorr/F. Heimann; **33/2:** VIMA; **33/3:** K. Schnorr/F. Heimann; **34/1:** K. Schnorr/F. Heimann; **34/2:** VIMA; **35/3:** Southampton City Council; **35/4:** Southampton City Council; **36/1:** Tourism & Arts Office, Mid Devon District Council; **36/2:** Tourism & Arts Office, Mid Devon District Council; **37/3:** VIMA; **37/4:** VIMA; **37/5:** VIMA; **38/1:** A. Bertereau; **38/2:** VIMA; **39/3:** K. Schnorr/F. Heimann; **39/4:** Office de Tourisme de Compiègne; **49/o. r.:** Office de Tourisme de Compiègne; **41/o. l.:** Le Havre Tourist Office; **41/m. r.:** VIMA; **41/m. l.:** VIMA; **41/u. r.:** VIMA; **42/1:** Office de Tourisme Soissons; **43/2:** Office de Tourisme Soissons; **43/3:** Office de Tourisme Soissons; **44/1:** VIMA; **44/2:** Office de Tourisme Soissons; **45/3:** Office de Tourisme Soissons; **45/4:** VIMA; **45/5:** Office de Tourisme Soissons; **46/1:** VIMA; **46/2:** OTSI Laon/Claude Jacquot; **47/3:** VIMA; **47/m. l.:** OTSI Laon/Claude Jacquot; **47/4:** VIMA; **49/u. l.:** VIMA; **49/m. r.:** Ville de Saint-Quentin; **49/u. r.:** Andrea DI NOLA, Photographe ville de Maubeuge; **50/1**: K. Schnorr/F. Heimann; **51/2**: Ville de Charleroi; **51/3**: VIMA; **52/1**: VIMA; **52/2**: Ville de Charleroi; **53/3**: Ville de Charleroi; **53/4**: Ville de Charleroi; **53/5**: Ville de Charleroi; **54/1**: VIMA; **54/2**: VIMA; **57/o. l.**: VIMA; **55/3**: Photo Service Relations Extérieures Ville de Tournai; **55/4**: Photo Service Relations Extérieures Ville de Tournai; **57/m. r.**: Photo Service Relations Extérieures Ville de Tournai; **57/u. r.**: VIMA; **57/u. l.**: Office du Tourisme Lille; **58/1**: Toerisme Brugge; **59/2**: Toerisme Brugge; **59/3**: Toerisme Brugge; **59/4**: Toerisme Brugge; **60/1**: Toerisme Brugge; **60/2**: Toerisme Brugge; **61/3**: Toerisme Brugge; **61/4**: Toerisme Brugge; **61/5**: K. Schnorr/F. Heimann; **62/1**: Toerisme Brugge; **62/2**: Toerisme Brugge; **63/3**: Fremdenverkehrsamt Gent; **63/4**: Fremdenverkehrsamt Gent; **65/o. l.**: © Tourismus Antwerpen; **65/o. r.**: © Tourismus Antwerpen; **65/u. l.**: Rotterdam Marketing; **65/u. r.**: Rotterdam Marketing; **66/1**: Utrecht Congres Bureau; **67/2**: Utrecht Congres Bureau; **67/3**: Utrecht Congres Bureau; **68/1**: Utrecht Congres Bureau; **68/2**: Utrecht Congres Bureau; **68/3**: Utrecht Congres Bureau; **69/4**: Utrecht Congres Bureau; **69/5**: Utrecht Congres Bureau; **70/1**: Tourist Office Amsterdam; **70/2**: VIMA; **73/o. r.**: Tourist Office Amsterdam; **73/m. l.**: Tourist Office Amsterdam; 71/3:Fremdenverkehrsverein, Edam; 71/4: VIMA; **71/5**: VIMA; **73/u. l.**: Fotoburo het Hoge Noorden; **73/u. r.**: Fotoburo het Hoge Noorden; **74/1**: Foto-Design Andreas Lechtape; **75/2**: Jaap Cuperus; **75/3**: Jaap Cuperus; **75/4**: Foto-Design Andreas Lechtape; **76/1**: Jaap Cuperus; **76/2**: Jaap Cuperus; **77/3**: Jaap Cuperus; **77/4**: Jaap Cuperus; **77/5**: Jaap Cuperus; **78/1**: Jaap Cuperus; **78/2**: Rheinland-Pfalz Tourismus GmbH; **79/3**: Köln Tourismus; **81/o. l.**: Köln Tourismus; **81/o. r.**: Köln Tourismus; **81/m. r.**: Rheinland-Pfalz Tourismus GmbH; **81/l. u.**: Koblenz-Touristik; **81/r. u.**: Koblenz-Touristik; **82/1**: Stadt Mainz; **83/2**: Stadt Mainz; **83/3**: Stadt Mainz; **84/1**: Stadt Mainz; **84/2**: Stadt Mainz; **85/3**: Stadt Mainz; **85/4**: Stadt Mainz; **85/5**: Stadt Mainz; **86/1**: Tourist-Information Gießen; **87/3**: Tourist-Information Gießen; **86/2**: FMG-Weilburg; **87/4**: Tourist-Information Wetzlar; **89/m. r.**: Tourist-Information Wetzlar; **87/5**: Marburg Tourismus & Marketing GmbH; **89/r. u.**: Marburg Tourismus & Marketing GmbH; **89/l. u.**: Wiesbaden Congress & Tourist Service; **89/l. o.**: Katholische Nachrichten Agentur Pressebild GmbH; **90/1**: Der Magistrat der Stadt Amöneburg; **91/2**: Andreas Purr; **91/3**: Der Magistrat der Stadt Amöneburg; **92/1**: Der Magistrat der Stadt Amöneburg; **92/2**: Der Magistrat der Stadt Amöneburg; **92/3**: Der Magistrat der Stadt Amöneburg; **93/4**: Der Magistrat der Stadt Amöneburg; **93/5**: Der Magistrat der Stadt Amöneburg; **94/1**: Magistrat der Stadt Schwalmstadt; **97/o. r.**: Schwalm-Touristik e.V.; **95/2**: Foto-Design Andreas Lechtape; **95/3**: Schloss Waldeck fehlt noch; **95/4**: Herbert Margraf; **95/5**: Staatsbad Bad Wildungen GmbH; **97/o. l.**: Gemeinde Gilserberg; **97/u. l.**: Schwalm-Touristik e.V.; **97/u. r.**: Schwalm-Touristik e. V.; **98/1**: Der Magistrat der Stadt Fritzlar; **99/2**: Herbert Margraf; **99/3**: Der Magistrat der Stadt Fritzlar; **100/1**: Der Magistrat der Stadt Fritzlar; **100/2**: Der Magistrat der Stadt Fritzlar; **101/3**: Der Magistrat der Stadt Fritzlar; **101/4**: Der Magistrat der Stadt Fritzlar; **102/1**: Tourist-Information Bad Hersfeld e.V.; **105/u. l.**: Tourist-Information Bad Hersfeld e.V.; **105/u. r.**: Tourist-Information Bad Hersfeld e.V.; **102/2**: Herbert Margraf; **105/o. l.**: Herbert Margraf; **103/3**: Gotha-Information; **103/4**: Tourismusservicegesellschaft mbH; **105/o. r.**: Wartburg-Stiftung; **106/1**: Tourismusgesellschaft Erfurt ; **107/3**: Tourismusgesellschaft Erfurt ; **108/1**: Tourismusgesellschaft Erfurt ; **108/2**: Tourismusgesellschaft Erfurt ; **109/3**: Tourismusgesellschaft Erfurt ; **109/4**: Tourismusgesellschaft Erfurt ; **110/1**: Gästeinformation Breitungen; **110/2**: Tourist-Information Schmalkalden; **111/3**: Tourist-Information Schmalkalden; **111/4**: Hennebergisches Museum Kloster Vessra; **111/5**: Hennebergisches Museum Kloster Vessra; **113/o. r.**: Evang.-Luth. Kirchgemeinde Ohrdruf; **113/m. r.**: Evang.-Luth. Kirchgemeinde Ohrdruf; **113/u. l.**: Stadt Hünfeld; **113/u. r.**: Stadt Hünfeld; **114/1**: Der Magistrat der Stadt Fulda; **115/2**: Der Magistrat der Stadt Fulda; **115/3**: Der Magistrat der Stadt Fulda; **116/1**: Der Magistrat der Stadt Fulda; **116/2**: Der Magistrat der Stadt Fulda; **117/3**: Der Magistrat der Stadt Fulda; **117/4**: Der Magistrat der Stadt Fulda; **118/1**: Bayrisches Staatsbad Bad Kissingen GmbH; **121/m. l.**: Bayrisches Staatsbad Bad Kissingen GmbH; **121/u. r.**: Bayrisches Staatsbad Bad Kissingen GmbH; **118/2**: Staatl. Kurverwaltung Bad Brückenau; **121/o. l.**: Staatl. Kurverwaltung Bad Brückenau; **121/o. r.**: VIMA; **119/3**: Tourist-Information Stadt Hammelburg; **119/4**: Tourist-Information Stadt Hammelburg; **121/m. r.**: Tourist-Information Stadt Hammelburg; **122/1**: Congress - Tourismus - Wirtschaft Würzburg ; **123/2**: Congress - Tourismus - Wirtschaft Würzburg ; **123/3**: Congress - Tourismus - Wirtschaft Würzburg ; **124/1**: Congress - Tourismus - Wirtschaft Würzburg ; **124/2**: Congress - Tourismus - Wirtschaft Würzburg ; **125/3**: Congress - Tourismus - Wirtschaft Würzburg ; **125/4**: Congress - Tourismus - Wirtschaft Würzburg ; **126/1**: Kulturamt/Jüdisches Kulturmuseum; **126/2**: Kulturamt/Jüdisches Kulturmuseum; **129/o. r.**: Kulturamt/Jüdisches Kulturmuseum; **127/3**: Rothenburg Tourismus Service; **127/4**: Rothenburg Tourismus Service; **129/u. l.**: Rothenburg Tourismus Service; **129/u. r.**: Rothenburg Tourismus Service; **127/5**: Congress- und Tourismus-Zentrale Nürnberg; **129/o. l.**: Rheinland-Pfalz Tourismus GmbH; **129/m.**: Stadt Ansbach; **130/1**: Tourist-Information Eichstätt; **131/2**: Tourist-Information Eichstätt; **131/3**: Tourist-Information Eichstätt; **132/1**: Tourist-Information Eichstätt; **132/2**: Tourist-Information Eichstätt; **132/3**: Tourist-Information Eichstätt; **133/4**: Tourist-Information Eichstätt; **133/5:** Tourist-Information Eichstätt; **134/1:** Informationszentrum Naturpark Altmühltal; **135/3:** Informationszentrum Naturpark Altmühltal; **134/2:** Tourist-Information Beilngries; **135/4:** Tourist-Information der Stadt Kelheim; **135/5:** Tourist-Information der Stadt Kelheim; **137/u. l.:** Tourist-Information der Stadt Kelheim; **137/u. r.:** Tourist-Information der Stadt Kelheim; **137/o. l.:** Anja Brunsmann; **137/o. r.:** Anja Brunsmann; **138/1:** Stadt Regensburg; **139/2:** Stadt Regensburg; **139/3:** Stadt Regensburg; **140/1:** Stadt Regensburg; **140/2:** Stadt Regensburg; **140/3:** Stadt Regensburg; **141/4:** Stadt Regensburg; **141/5:** Stadt Regensburg; **142/1:** Amt für Tourismus Straubing; **145/o. l.:** Amt für Tourismus Straubing; **142/2:** Stadt Deggendorf; **145/o. r.:** Stadt Deggendorf; **145/m. r.:** Stadt Deggendorf; **143/3:** Stadt Osterhofen; **143/4:** Stadt Vilshofen; **143/5:** Stadt Vilshofen; **145/u. l.:** Stadt Regensburg; **146/1:** Passau Tourismus e.V.; **147/2:** Passau Tourismus e.V.; **147/3:** Passau Tourismus e.V.; **148/1:** Passau Tourismus e.V.; **148/2:** Passau Tourismus e.V.; **149/3:** Passau Tourismus e.V.; **149/4:** Passau Tourismus e.V.; **149/5:** Passau Tourismus e.V.; **150/1:** Tourismusverband Schärding; **153/o. l.:** Tourismusverband Schärding; **150/2:** Tourismusverband Braunau; **151/3:** Haus der Fotografie Burghausen; **151/4:** Haus der Fotografie Burghausen; **153/u. l.:** Haus der Fotografie Burghausen; **153/u. r.:** Haus der Fotografie Burghausen; **151/5:** Berchtesgarden Tourismus GmbH; **153/o. r.:** Stadt Wasserburg a. Inn; **154/1:** Tourismus Salzburg GmbH; **155/2:** Tourismus Salzburg GmbH; **155/3:** Tourismus Salzburg GmbH; **156/1:** Tourismus Salzburg GmbH; **156/2:** Tourismus Salzburg GmbH; **157/3:** Tourismus Salzburg GmbH; **157/4:** Tourismus Salzburg GmbH; **158/1:** Berchtesgarden Tourismus GmbH; **158/2:** Berchtesgarden Tourismus GmbH; **158/3:** Berchtesgarden Tourismus GmbH; **159/4:** Florian Werner; **159/5:** VIMA; **63/o. l.:** Florian Werner; **159/6:** Tourist-Information Tegernsee; **163/u. r.:** Tourist-Information Tegernsee; **160/1:** Tourist-Information Bad Tölz; **163/m. l.:** Tourist-Information Bad Tölz; **160/2:** Direktion Kloster Benediktbeuern; **163/o. r.:** Direktion Kloster Benediktbeuern; **161/3:** Munich-Online GmbH; **161/4:** Fremdenverkehrsamt München; **163/u. m.:** Fremdenverkehrsverein Schliersee;**164/1:** Touristinformation Freising; **165/2:** Touristinformation Freising; **165/3:** Touristinformation Freising; **166/1:** Touristinformation Freising; **166/2:** Touristinformation Freising; **167/3:** Touristinformation Freising; **167/4:** Touristinformation Freising; **167/5:** Touristinformation Freising; Abbildungen auf der Umschlagvorder- und Umschlagrückseite aus dem Inhalt, außer **4. US/u.** Toerisme Brugge;

Wir danken allen Tourismuszentralen, Stadtgemeinden, Museen, Firmen und Privatpersonen für die Zusendung der umfangreichen Bildmaterialien.

AUTORENVERZEICHNIS

Autoren

Christoph A. Brandner, Fulda

Christopher B. Haas, Fulda

Hans-Georg, Hartel, Fulda

Dr. Gunnar Meske, Bad Homburg

Beatrix Nolte-Schunck, Fulda

Klaus H. Orth, Fulda

Eitel J. Vida, Fulda

Reiseerlebnisse

Konrad Schnorr, Fulda

Franz Heimann, Fulda

Dieses Buch wurde ermöglicht durch die großzügige Unterstützung von:

Mineralbrunnen Rhönsprudel Egon Schindel GmbH

Sparkasse Fulda

Sparkassen-Kulturstiftung Hessen-Thüringen

Stadt Fulda

Stadt Dokkum

THÜGA Aktiengesellschaft

ÜWAG Überlandwerk Fulda AG

VIMA Vida Marktenwicklung GmbH, Fulda

Konrad Schnorr und Franz Heimann, Fulda

IMPRESSUM

Herausgeber
Dr. Wolfgang Hamberger, Fulda
Eitel J. Vida, Fulda
E-Mail: sekretariat@vima.de

Ausgabe
1. Auflage 2004

Grafisches Konzept/Satz
VIMA GmbH, Fulda/Anja Brunsmann, Gabriele Bilay
Greb & Friends GmbH, Fulda

Repro
VIMA GmbH, Fulda
Scanpoint, Melsungen

Kartografie
© DuMont Reiseverlag, Köln

Druck
Rasch, Bramsche

Buchbinderische Verarbeitung
Bramscher Buchbinderbetriebe

ISBN 3-7701-6326-5

Abbildungen auf der Umschlagvorderseite:

Oben: *Schloss Herrenchiemsee, das bayerische Versailles Ludwigs II.*

Mitte: *Die Bonifatiuskapelle im Herzen einer reizvollen Parklandschaft in Dokkum.*

Unten: *Aktive Erholung entlang von Donau, Inn und Ilz.*

Abbildungen auf der Umschlagrückseite:

Oben: *Das traditionsreiche Passau als Märchenkulisse.*

Mitte: *Die Wartburg in Eisenach – die „deutscheste aller Burgen" ist ein weltberühmtes Denkmal mit wechselvoller Geschichte. Hier übersetzte Luther Teile der Bibel.*

Unten: *Malerische Radwege durch die flämische Marsch.*